当代马克思主义大众化传播的理论基础与路径探索

张二星 著

河北出版传媒集团
河北人民出版社
石家庄

图书在版编目（CIP）数据

当代马克思主义大众化传播的理论基础与路径探索 / 张二星著． -- 石家庄：河北人民出版社，2024.5
 ISBN 978-7-202-16901-8

Ⅰ．①当… Ⅱ．①张… Ⅲ．①马克思主义－大众化－研究－中国 Ⅳ．①D61

中国国家版本馆CIP数据核字(2024)第033170号

书　　名	当代马克思主义大众化传播的理论基础与路径探索
著　　者	张二星

责任编辑	王　岚
美术编辑	李　欣
封面设计	孟晓俊
责任校对	余尚敏

出版发行	河北出版传媒集团　河北人民出版社
	（石家庄市友谊北大街330号）
印　　刷	河北万卷印刷有限公司
开　　本	710毫米×1000毫米　1/16
印　　张	15
字　　数	210 000
版　　次	2024年5月第1版　2024年5月第1次印刷
书　　号	ISBN 978-7-202-16901-8
定　　价	88.00元

版权所有　翻印必究

前　言

中国共产党自建立以来就十分重视马克思主义大众化的开展，在百年的宏伟征程中，我党坚持以马克思主义为指导，在革命与建设的过程中，创造性地将马克思主义与中国的实际相结合，总结形成符合中国发展实践需求的马克思主义理论体系，科学指导中国实践的开展。同时，广泛开展宣传活动，充分利用各种宣传媒介，推进马克思主义大众化的开展，使广大的人民群众了解马克思主义、学习马克思主义、自觉运用马克思主义指导生产生活实践，并在这一过程中主动传播马克思主义。

马克思主义大众化本身是一个信息传播的过程，因此，对于马克思主义大众化传播路径的研究就显得格外重要。在当代马克思主义大众化过程中，不仅要重视其传播的过程，还要重视其传播的目的与效果，不能使马克思主义大众化浮于表面，而要使马克思主义理论切实深入群众内心，使群众能够深入理解马克思主义理论，并能够切实运用马克思主义理论指导生产生活实践的开展。

步入中国特色社会主义建设的新时代，社会实践的条件、社会的基本矛盾以及国际形势均发生了巨大的变化，以习近平同志为核心的党中央领导人民群众不畏艰难、踔厉奋发，以高昂的斗志和必胜的决心投身新时代中国特色社会主义建设的伟大实践之中。在这一过程中，必须继续推进马克思主义大众化传播，只有全国人民齐心协力，坚定不移地以马克思主义及其中国化时代化的最新成果为指导，才能共同迈向下一个胜利。

本书以马克思主义大众化为研究的核心，以马克思主义大众化传播路径为研究的主要内容，首先，对马克思主义大众化的思想渊源、内涵与特征、重要意义、关键问题进行了详细的阐述；其次，从马克思主义认识论、传播学理论、路径依赖理论以及社会互动理论等方面介绍了马克思主义大众化传播路径研究的理论基础，并回顾了中国马克思主义大众化的发展历程，总结了中国马克思主义大众化的历史经验；再次，对当代马克思主义大众化传播的关键点以及新境遇进行了全面的分析，对当代马克思主义大众化传播结构进行了深入研究，分析了马克思主义大众化传播结构的构成、马克思主义大众化传播结构的内在矛盾以及马克思主义大众化传播结构的优化路径；最后，对当代马克思主义大众化传播机制的完善路径以及当代马克思主义大众化传播的主渠道的建设进行了深入研究，为当代马克思主义大众化传播路径的构建提供了建议。

鉴于笔者水平有限，书中难免存在一些不足，敬请各位同行及专家学者予以斧正。

目 录

第一章 马克思主义大众化概论 ……………………………001
 第一节 马克思主义大众化的思想渊源 ………………003
 第二节 马克思主义大众化的内涵与特性 ……………010
 第三节 推进马克思主义大众化的重要意义 …………015
 第四节 马克思主义大众化的关键问题 ………………026

第二章 当代马克思主义大众化传播路径研究的理论基础 …033
 第一节 马克思主义认识论 ……………………………035
 第二节 现代传播理论 …………………………………044
 第三节 路径依赖理论 …………………………………053
 第四节 社会互动理论 …………………………………058

第三章 中国马克思主义大众化的发展 ……………………065
 第一节 中国马克思主义大众化的推进历程 …………067
 第二节 马克思主义大众化的历史经验 ………………075

第四章 当代马克思主义大众化传播的关键点 ……………085
 第一节 马克思主义大众化传播的基本原则 …………087
 第二节 马克思主义大众化传播的基本理念 …………105

第五章　当代马克思主义大众化传播的新境遇 ················· 121
第一节　马克思主义大众化传播的机遇 ····················· 123
第二节　马克思主义大众化传播模式的新变化 ··············· 134
第三节　马克思主义大众化传播的挑战 ····················· 143

第六章　当代马克思主义大众化传播结构的建立与优化 ······· 151
第一节　马克思主义大众化传播结构的构成 ················· 153
第二节　马克思主义大众化传播结构的内在矛盾 ············· 167
第三节　马克思主义大众化传播结构的优化路径 ············· 172

第七章　当代马克思主义大众化传播机制的完善路径 ········· 181
第一节　完善马克思主义大众化传播的话语转换机制 ········· 183
第二节　完善马克思主义大众化传播的长效工作机制 ········· 190
第三节　完善马克思主义大众化传播的效果评价机制 ········· 197

第八章　当代马克思主义大众化传播的主渠道建设 ··········· 201
第一节　马克思主义大众化传播的主渠道：思想政治理论课 ···· 203
第二节　马克思主义大众化传播的重要阵地：高校 ··········· 214
第三节　坚守阵地，强化思想政治理论课的主渠道作用 ········ 217

参考文献 ··· 229

第一章　马克思主义大众化概论

第一节　马克思主义大众化的思想渊源

一、马克思和恩格斯的马克思主义大众化思想

（一）理论传播必须坚持人民至上原则

马克思主义为人类的发展提供了科学的世界观与方法论，若想使马克思主义更好地指导人们的实践，就离不开马克思主义大众化。马克思主义自诞生伊始就十分重视大众化的推进，这既是马克思主义作为一种理论去指导实践的必由之路，也是人民群众在人类历史发展中主体地位的体现。作为马克思主义理论的创立者，马克思与恩格斯同样是马克思主义大众化的先行者。

作为马克思主义理论重要的组成部分，历史唯物主义揭示了人类社会发展的一般规律，强调了人民群众在人类历史发展进程中的主体地位。人民群众是实践的主体，是社会历史的创造者，是所有物质财富与精神财富的创造者，是促进社会变革的决定性力量。因此，一种理论只有被广大的人民群众所接受和掌握，才能真正发挥其促进社会变革和人类解放的价值和意义。如果一种理论不能被广大的人民群众所接受，不能转化为群众的自觉行动，即使其内容具有科学性和价值性，其对于实践的指导意义也只能是潜在的，很难取得实际成效。

马克思与恩格斯正是充分认识到理论掌握群众的重要性，始终注重将马克思主义理论与工人运动相结合，在工人运动中总结经验，不断丰富与发展马克思主义理论，继而再用更符合具体实践的马克思主义理论

指导工人运动的开展，将理论转化为人民群众争取社会变革和自身解放的革命运动，切实发挥马克思主义理论对于实践科学的指导作用。

马克思强调以人民群众为本，认为一种科学的理论，必须能掌握群众，必须能说服人。马克思主义理论本身也是在总结各国无产阶级运动经验的基础上创建的，因此，从马克思主义理论创始之初，其就有密切联系群众、以人民群众为本的优良品质。

（二）无产阶级必须用科学的理论武装头脑

马克思和恩格斯都强调提高工人群众的思想觉悟和理论水平的重要性，要求无产阶级政党要用先进的理论教育群众，武装群众的头脑。

无产阶级是推动社会变革和人类解放的主力，这是由无产阶级代表着先进的生产力，同时在资本主义社会中处于受奴役的地位所决定的。但无产阶级并非从诞生伊始就具有革命的性质，只有在科学的、先进的、革命的理论指导下，无产阶级才能成为一个先进的革命阶级。

马克思和恩格斯认为，无产阶级的发展和进步主要有两方面的原因，一方面是工业的发展使得工人阶级的规模不断壮大，无产阶级人数迅速增加，伴随着规模的增长，无产阶级逐渐形成了更大的集体，力量不断提升，阶级性与斗争性也不断增强。另一方面是旧社会内部的冲突促进了无产阶级的发展，将许多"教育因素"与先进理论引入无产阶级的斗争中，促进了无产阶级的觉醒，马克思主义的产生就是其中典型的代表。马克思与恩格斯认识到了人类社会运动发展的规律和趋势，自觉地站到无产阶级立场上来，通过总结无产阶级解放运动的历史经验，创立了科学社会主义理论，又用这种理论去教育无产阶级并指导其进行解放运动。

历史的经验告诉人们，工人阶级如果没有马克思主义的指导，如果不用科学的理论武装自己的头脑，那么他们为反抗压迫而进行的解放运动是难以达到一个较高水平的。就像是英国的工人联合会，由于没有科学理论的指导，其斗争反对的仅仅是结果，而不去探求产生这种结果的根源。这就使得其斗争始终被局限在一个较低的层次，只能在资本主义运行框架内争取自己应得的利益，而难以促成全人类的解放和进一步的发展，这一切的根源就是其对于科学理论的缺失。

由于工人群众没有科学理论的武装，就不能很好地开展自身的解放运动，所以马克思和恩格斯十分重视向工人群众传播马克思主义理论。通过建立宣传机构、创立报刊、发表演说等方式，马克思与恩格斯不断推进科学理论的大众化进程，提升工人阶级的思想认识和理论水平，以帮助无产阶级开展更高水平的工人运动。

（三）科学开展思想理论教育

理论的价值来源于其科学性与真理性，只有科学的理论才能正确指导实践的开展，也只有科学的理论才能促成全人类的解放。

马克思和恩格斯致力于用马克思主义理论来教育各国工人群众，然而在各国工人群众中也有一些非科学的思潮在传播，对工人运动形成错误的影响和引导，对马克思主义也进行歪曲和攻击。因此，马克思和恩格斯与各种思潮进行了坚决的斗争，以保证无产阶级的思想不被错误的思潮所影响，使无产阶级能够正确认识马克思主义理论，能够科学运用马克思主义理论指导自身实践的开展。

马克思主义理论是科学的理论，是符合实践发展规律、符合人类历史发展方向的。马克思主义理论由马克思主义哲学、马克思主义政治经济学和科学社会主义三大部分组成，是马克思、恩格斯在批判地继承德国古典哲学、英国古典政治经济学和英、法空想社会主义而创立的崭新的无产阶级思想的科学体系。马克思主义的内涵与诞生过程充分体现了其科学性，实践证明，只有马克思主义才能正确地指导无产阶级展开斗争与建设。

马克思主义是发展的理论，进行马克思主义大众化，绝不能将马克思主义教条化，作为马克思主义的创始人，马克思与恩格斯多次强调反对将马克思主义当作教条一般僵硬地套用在不同类型的实践之中。马克思主义不是一成不变的公式，而是一种发展的理论。在马克思主义大众化的过程之中,要使人们对于马克思主义有一个相对深入的理解,不仅要理解马克思主义的基本内涵,还需要能够灵活运用马克思主义指导实践,同时在实践中不断丰富和发展马克思主义。

二、列宁的马克思主义大众化思想

(一)工人运动必须以马克思主义为指导

19世纪末到20世纪初,资本主义逐渐过渡到垄断资本主义阶段,无论在资本主义国家内部还是在世界范围内,贫富差距进一步扩大。各国垄断资产阶级为了维护自身的统治,相继采取了一系列改良措施,如给予工人一定的福利、提升工人工资、增加工人的民主权利等。在这种情况下,修正主义开始逐渐在无产阶级内部蔓延,阻碍了工人运动的发展,对于马克思主义的传播造成了一定的影响。

俄国资本主义发展虽然比英、法、德等西欧国家要晚得多,但是到20世纪初,也出现了垄断资本主义的经济现象。在俄国工人运动遭受一定挫折之后,部分人开始打着"批评自由"的旗号反对马克思主义在俄国无产阶级中的传播,严重阻碍了俄国工人运动的开展以及无产阶级政党的建立。

面对国际国内工人运动中对于出现的否定马克思主义指导地位的错误倾向,列宁坚决捍卫马克思主义的立场,深入阐述了马克思主义的科学内涵及其对于俄国工人运动开展以及无产阶级政党建设的重要意义。列宁认为,只有革命马克思主义的理论才能担当起指导工人运动的大任,只有坚定不移地推进马克思主义大众化,向广大的无产阶级传播马克思主义的科学理论,才能指导无产阶级正确开展争取解放的斗争。

列宁之所以认为工人运动必须以马克思主义为指导,主要有以下两点原因。首先,马克思主义是人类思想发展史上伟大的科学成就,马克思主义充分吸收了早期理论的科学部分以及人类历史中一切有价值的东西,是欧洲整个历史科学、哲学科学以及经济科学的最高发展,具有历史性的意义，只有以这样的科学理论为指导，才能保证工人运动沿着正确的方向发展。其次，马克思主义为工人阶级提供了分析和认识人类社会发展规律与趋势的科学世界观及方法论，为工人阶级改造旧世界从而争取自身解放提供了思想武器。

（二）用正确的马克思主义观教育和引导群众

推进马克思主义大众化，必须重视用正确的马克思主义观教育和引导群众。列宁的马克思主义大众化观点的产生主要是由于一部分人未能对马克思主义有一个完整、准确的理解，他们打着马克思主义的旗号，宣传的却是被他们曲解了的马克思主义。他们之中，有些人犯了教条主义的错误，忽视了具体的实践，不能将马克思主义与具体实践有机结合；有些人具有严重的民粹主义思想，其理论具有强烈的空想性与激进性；还有些人犯了右倾的错误，阻止社会党人向工人阶级揭示工人阶级与资产阶级的利益冲突。这些群体共同的特点是曲解了马克思主义，背离了马克思主义的初衷，奉行错误的理论。若想推进马克思主义大众化，就必须同这些错误的思想坚决斗争。用正确的马克思主义观教育和引导群众，使广大人民群众了解马克思主义的科学内涵。

（三）注重人民群众对于马克思主义内核的理解

列宁在革命实践中发现，有些人对于马克思主义的理解十分狭隘，呈现出一种教条式的宣传和运用，不能将马克思主义的基本原理同具体的实践有机结合起来，这样是很难实现马克思主义大众化的良好效果的。科学推进马克思主义大众化，必须让广大人民群众了解马克思主义真正的价值所在。推进马克思主义大众化，不能使理论宣传浮于表面，不仅要使广大的人民群众了解马克思主义的内涵，还要使他们深入理解马克思主义的内核，掌握马克思主义活的灵魂。

马克思主义活的灵魂，也是马克思主义的精髓，即"解放思想、实事求是、与时俱进"。列宁对马克思主义大众化的实践充分展示了这一点。要掌握马克思主义的精髓，就必须完整准确地理解马克思主义，既不能狭隘地理解其部分观点，也不能对其进行随意的扩张与解说。掌握马克思主义的精髓，还需要对马克思主义理论的内容与实质有一个深刻的理解。马克思主义大众化需要广大的人民群众深刻理解马克思主义的精髓，能够从实践出发，灵活运用马克思主义解决实际问题。

三、毛泽东的马克思主义大众化思想

（一）用马克思主义武装群众

实践性是马克思主义的突出特性，马克思主义对于实践性的重视，不仅体现在马克思主义认识论中明确了实践在人类活动中的基础性地位，还体现在马克思主义能够在科学认识人类社会发展的前提下，提出具有较强针对性的方法论。

毛泽东之所以强调用马克思主义武装群众，是因为马克思主义是正确的、科学的、具有力量的。马克思主义批判了唯心主义的世界观和认识论，以辩证唯物主义和历史唯物主义哲学揭示了自然界、人类社会和人的思维的运动规律，特别是指明了社会历史发展的必然趋势。它为人们正确认识世界、改造世界和推动世界的发展提供了实事求是的方法、辩证认识的方法、阶级分析的方法、与时俱进的方法等，使人们对客观世界和主观世界及其相互关系都有了清晰而科学的认识与把握，为人们发挥自己的主观能动性提供了正确的思想指导。

毛泽东正是因为深刻认识到了马克思主义的实践价值，掌握了马克思主义的精髓，明确了马克思主义必须为无产阶级和广大的人民群众所掌握，化为他们手中的理论武器，这样才能彰显马克思主义的理论价值与实际意义，才能使无产阶级和广大的人民群众在马克思主义的指导下正确开展革命与建设实践。

（二）马克思主义大众化必须立足于中国实际

推进马克思主义大众化，绝不是简单地进行马克思主义基本理论的传播，马克思主义大众化是广大人民群众掌握并灵活运用马克思主义理

论的过程，绝不只是简单背诵和机械搬用马克思主义的某些观点。

推进马克思主义大众化，必须与中国的发展实践牢牢结合在一起，无论是大众化的目的、大众化的内容，还是大众化的路径，都必须立足于中国的发展实际，具体问题具体分析。毛泽东在《反对本本主义》中明确指出："马克思主义的'本本'是要学习的，但是必须同我国的实际情况相结合。我们需要'本本'，但一定要纠正脱离实际情况的本本主义。"[①]由于马克思主义具有科学性与真理性，因此，马克思主义是放之四海皆准的，但必须与具体实践相结合才能彰显其价值，任何理论如果脱离了实践，就会丧失其价值。

马克思主义大众化的目的是向当代广大的人民群众传播科学的理论，指导群众科学地开展实践，人民群众的需求都是在具体的社会实践中产生的，因此，马克思主义大众化必须立足于实践的发展。马克思主义大众化的途径也需要立足于实践展开，这是因为马克思主义大众化是一个传播的过程，传播过程中所依赖的媒介都是当代科技发展的产物，传播的具体方式要根据实践的发展科学进行选择。

马克思主义大众化的内容更是需要从实际出发，与时俱进。与时俱进是马克思主义的精髓，我党在革命与建设实践中正是坚持将马克思主义的基本原理与中国的革命与建设实践充分结合，才能保证我党的实践始终有科学理论的指导，进而取得一系列伟大的成就。毛泽东思想是马克思主义理论与中国实践相结合的典范，是马克思主义中国化的第一次飞跃，而之后的邓小平理论、"三个代表"重要思想、科学发展观与习近平新时代中国特色社会主义思想，都是立足于实际，将马克思主义理论与中国的实践充分结合而形成的对世界的科学认识，对于中国的发展具有重要的指导作用。

---

① 毛泽东：《毛泽东选集：第一卷》，人民出版社1991年版，第111、112页。

（三）注重马克思主义宣传的形式

马克思主义大众化就是把马克思主义的基本原理通俗化、具象化，使之更好地为大众所理解和接受。毛泽东在致力于马克思主义大众化的实践过程中，特别注重这一点。毛泽东强调向群众宣传马克思主义理论，首先必须了解群众，熟悉群众，根据群众的实际需要，尽量采取群众喜闻乐见、易于接受的形式来传播马克思主义理论，这样才能使马克思主义大众化取得切实的效果。

马克思主义大众化的对象是广大的人民群众，同样，人民群众也是推动马克思主义大众化的重要主体之一，在马克思主义大众化的参与主体中，人民群众不像杰出人物与马克思主义学者那样专业，对于马克思主义具有深入的理解。因此，推进马克思主义大众化，要以人民群众喜闻乐见或易于接受的形式展开，便于广大的人民群众学习与理解马克思主义的科学内涵。

第二节 马克思主义大众化的内涵与特性

（一）马克思主义大众化的内涵

1. 大众化的内涵

"大众"的意思是众多的人，也泛指民众，群众。"化"在现代汉语中又表示转变为某种性质或状态，或表示将某种事物普遍推广。综合两部分的概念，"大众化"即指将一个事物在群众之间进行普遍的推广，使之转变为群众的性质或状态。1942年，毛泽东同志《在延安文艺座谈会上的讲话》中提到"大众化"时指出："什么叫大众化呢？就是我们的文艺工作者的思想感情和工农兵大众的思想感情打成一片。"[1]这里的"大众化"虽然是从文艺工作的角度进行阐释的，但是仍表达出了大众化"将一个事物在群众之间进行普遍的推广"的含义。

2. 马克思主义大众化的内涵

马克思主义大众化从字面上来看就是马克思主义的大众化，即使马克思主义在群众之间进行普遍推广。马克思主义大众化既是一个过程，同时也是一种状态。若想深入理解马克思主义大众化的内涵，就需要对马克思主义大众化的每一个环节，以及马克思主义大众化的每一个构成要素有一个全面、准确的认识。

首先，从结构上来看，马克思主义大众化主要包括三个方面的内容，分别是马克思主义大众化的主体、对象和内容。

关于马克思主义大众化的主体，可以从两方面来理解。首先，马克思主义是中国共产党的指导思想，因此，马克思主义大众化的推进主体应该是中国共产党。其次，随着马克思主义大众化的推进和发展，马克思主义大众化推进的主体还包括掌握、运用和传播马克思主义的不同类型的实践主体，是包括专家学者、教师、媒体从业人员等在内的广大的人民群众。若想真正实现马克思主义大众化，其主体不能局限于某一特殊群体，而是要涵盖人民群众这一整体，不仅要使广大的人民群众自觉学习和掌握马克思主义，还要使其自觉运用和传播马克思主义。

马克思主义大众化的对象主要指的是广大的人民群众，具体来说，指的是需要运用马克思主义来解决实际问题的人民群众。马克思主义大众化的目的是让广大的人民群众能够理解、掌握马克思主义及其中国化成果，并自觉将马克思主义运用到实践之中。马克思主义是科学的世界观和方法论，因此，其对于人民群众的实践具有科学、普遍的指导作用。

马克思主义大众化的内容主要由两部分构成，分别是马克思主义理

---

[1] 毛泽东：《毛泽东选集：第三卷》，人民出版社1991年版，第851页。

论与马克思主义中国化。马克思主义理论是科学的世界观与方法论，由马克思主义哲学、马克思主义政治经济学和科学社会主义三大部分组成，马克思主义理论为人们正确认识世界、改造世界和推动世界的发展提供了科学的世界观与方法论。实事求是、与时俱进是马克思主义理论的精髓，马克思主义不是一成不变的教条，而是一个发展的理论，马克思主义理论只有与中国实际充分结合，才能有效指导中国人民开展实践，正是因为我党充分认识到了这一点，才能立足于中国不同时期的具体实践，形成了中国化的马克思主义。

从马克思主义大众化的过程来看，马克思主义大众化指的是马克思主义理论不断被人民群众理解、掌握、运用、传播和丰富发展的过程。将马克思主义大众化作为一个过程来看，其同样包括三方面的内容，即马克思主义的传播、运用与发展。

马克思主义的传播过程是理论掌握群众的过程，也就是理论从局部到整体、从抽象到具体、从少数人掌握到多数人理解和掌握的过程。作为一个动态的过程，马克思主义大众化的传播需要重视主体、对象、路径等组成要素在马克思主义理论的传播过程中的地位与作用。

马克思主义不是简单的理论传递，仅仅将马克思主义理论传递给人民群众并非马克思主义大众化的初衷，马克思主义大众化不仅要使人民群众学习和理解马克思主义理论，还要帮助人民群众学会自觉运用马克思主义理论构建正确的世界观、人生观、价值观，指导实践的开展。

马克思主义是一个发展的理论，正是因为我党不断将马克思主义与中国实际相结合，形成中国化的马克思主义理论体系，才能保证马克思主义在不同的历史时期均能对我国的革命与建设实践提供科学的指导。马克思主义的丰富与发展还需要从人民群众的生产生活实践中汲取养分，人民群众在生产生活实践中不断总结实践经验与历史经验，并将其凝练、提升为理论，不断丰富和发展马克思主义。

(二)马克思主义大众化的特性

在中国,推进马克思主义大众化必须立足于具体的实践,与中国的发展实际充分结合,与中国的历史与文化充分结合,马克思主义大众化作为一个动态实践过程,具有鲜明的特性,马克思主义大众化的特性有以下几点,具体内容如图1-1所示。

图1-1 马克思主义大众化的特性

1. 实践性

实践性既是马克思主义理论的突出特点,也是马克思主义大众化的重要特性。马克思主义本身是实践的产物,其理论体系牢牢根植于实践之中,并且随着实践的发展不断得到丰富与完善,这是马克思主义能够始终保持强大生命力的根本原因。

马克思主义大众化本质上是马克思主义与中国实际相结合,与广大的人民群众相结合,并在实践中不断获得丰富与发展的过程。无论是马克思主义大众化传播的过程,还是马克思主义在大众化过程中获得丰富与发展,都必须以实践为基础,可以说,马克思主义大众化本身就是一种实践活动,因此可以说,实践性是马克思主义大众化的本质特性。

2. 民族性

开放性是马克思主义的重要特性,这一特性表现在马克思主义在与不同国家、不同民族结合的过程中会呈现出不同的国家或民族特色。马克思主义也只有与具体的实践相结合，与民族的特点相融合，才能展现出其无与伦比的科学性与真理性。马克思主义大众化作为一种外来的理论，若想被广大的中国人民群众所理解与掌握，并指导人民群众开展实践，就必须在形式与内容上具有中国特色，以一种人民群众容易接受的具有中华民族特性的形式进行传播。

在马克思主义大众化的过程中，既不能照搬他国马克思主义大众化的经验，也不能曲解马克思主义的基本原理，而是以马克思主义为指导，将马克思主义的基本原理同中国文化的优秀成果充分结合，在完整保留马克思主义理论体系内容的基础上汲取中国文化的精华，赋予马克思主义理论体系中国特色。此外，马克思主义大众化的路径也应该符合中国广大人民群众的认知习惯与认知规律，要采用人民群众喜闻乐见的方式传播马克思主义，从而使马克思主义更好地指导广大人民群众的实践，并在实践中得到进一步发展。

3. 发展性

马克思主义是一种发展的理论，与时俱进是它的精髓，这种优良的品质是马克思主义能够始终保持蓬勃生命力的关键。马克思与恩格斯曾指出，马克思主义的实际运用是以具体的历史条件为转移的。马克思主义具有实践性、发展性、科学性与真理性，马克思主义的科学性与真理性是基于其实践性与发展性的，由于实践是不断发展的，因此，以实践为基础的马克思主义同样是不断丰富、发展的。

马克思主义本身的发展性也决定了马克思主义大众化的发展性，由于马克思主义的内容是不断丰富和发展的，那么对于马克思主义的理解、学习、掌握和运用的过程同样也应该是与时俱进、不断发展的。从马克思主义大众化传播的途径来看，马克思主义大众化的传播方式也随着时代的进步而不断发展变化，从最初的报刊、书籍，到如今的网络传媒，马克思主义大众化的媒介随着时代的发展不断丰富。因此，发展性是马克思主义大众化的重要特性,这既是马克思主义品质的内在要求,也是当今信息时代推进马克思主义大众化传播的关键所在。

4.群众性

群众观点是马克思主义的重要内容,也是马克思主义鲜明的特点,马克思主义认识论充分阐述了群众在人类历史中的重要地位,指明人是实践的主体,而人民群众则是社会历史的创造者,是世界上一切物质财富与精神财富的创造者。马克思主义大众化作为一个实践的过程,同样体现了马克思主义关于群众的观点。

群众性同样是马克思主义大众化的显著特性之一,马克思主义大众化的过程,就是通过宣传、教育等手段,使广大的人民群众能够学习、理解、掌握和运用马克思主义的过程。在这一过程中,人民群众既是马克思主义大众化的传播对象,也是马克思主义大众化的传播主体。

如果说只有马克思主义理论,或者说只有少数人理解掌握、传播马克思主义,没有群众的真正参与,或者说群众掌握了理论,却没有自觉运用于实践,那么,这也不是马克思主义大众化。因此,广大群众理解、掌握和自觉运用马克思主义才体现了马克思主义大众化的本质特征,马克思主义大众化表现着鲜明的群众性。

第三节　推进马克思主义大众化的重要意义

马克思主义是科学的理论,是指导人民群众自觉改造客观世界与主观世界的行动指南,与中国具体实践充分结合形成的马克思主义理论体系,立足国情,放眼未来,科学规划,对于新时代中国特色社会主义的建设具有重要的指导意义。随着马克思主义大众化的推进使马克思主义理论体系真正走入人民群众，被人民群众所理解和掌握，对于新时代中国特色社会主义的建设具有重要的现实意义。马克思主义大众化的意义如图1-2所示。

图 1-2 马克思主义大众化的意义

一、有利于坚定马克思主义信仰

（一）有利于坚定马克思主义信仰

历史与实践表明，党的建设和国家的发展在任何时候都离不开马克思主义的指导，从历史唯物主义的角度来看，实践的主体是人，而人民群众则是历史的创造者，国家的建设依靠人民，国家的发展成果由人民共享，因此，新时代中国特色社会主义的建设需要让广大的人民群众坚定马克思主义信仰，坚定道路自信、理论自信。

与时俱进是马克思主义重要的理论品质，只有体现时代性、把握规律性、富于创造性才是与时俱进。对于实践具有重要指导作用的马克思主义，其内容必须随着时代的变化发展而不断丰富和创新，也只有坚持与时俱进和理论创新，马克思主义理论才能在新时代焕发新的生机与活力，指导人民群众在党的带领下开展新时代中国特色社会主义建设的伟大实践。

（二）有利于帮助人们更好地运用马克思主义开展实践

1. 提升广大人民群众的思想道德素质

在具体的生产生活实践中，马克思主义大众化是提升广大党员和干部群众思想政治素质的重要途径。思想政治素质指的是人们从事社会政治活动时，在世界观、人生观、价值观和政治观等方面所具备的基本条件和品质，是人的素质结构的重要组成部分。

思想素质指的是人们的思想观念、思想觉悟和理想信念，是科学的世界观、人生观、价值观的内在表现。政治素质则指的是人们为了实现阶级的根本利益而必须达到的政治要求，主要包括政治立场和政治方向等问题。社会性是人的重要属性，思想政治素质对于在一定社会环境之中的人来说能够起到一种指导和定向的作用。

2. 有利于指导广大人民群众开展实践

马克思主义是一种科学的世界观和方法论，对于人们的生产生活实践具有良好的指导作用。马克思主义大众化的过程就是使广大人民群众了解马克思主义的原理与方法论，帮助人民群众更好地运用马克思主义处理实践问题的过程。马克思主义并非一成不变的教条，也不是虚无缥缈的空想主义，而是一种与时俱进的对于实践具有重要指导意义的世界观与方法论。因此，做好马克思主义大众化传播工作有利于指导广大人民群众更好地开展生产生活实践。

二、有利于保持党的生机与活力

（一）马克思主义大众化有利于密切党群关系

党群关系是无产阶级政党与人民群众之间的关系，和谐的党群关系是保持党的生机与活力的重要保障。人民群众是党力量的源泉，坚持群众路线，是我党创造性地将马克思主义理论与我国革命与建设实践相结合的产物。

中国共产党自诞生以来，始终坚持群众路线和群众观点，秉持着全心全意为人民服务的宗旨，和一以贯之对人民负责的原则，在长期的实践中，以马克思主义理论体系为指导，形成了具有丰富内涵的群众观点，主要包括：人民群众是历史的创造者；群众路线是党的根本工作路线；密切联系群众是中国共产党始终立于不败之地的根本保证之一；全心全意为人民服务；虚心向人民群众学习、对党负责和对人民负责相一致等。

坚持群众观点，走群众路线，密切联系群众，维护群众利益，是党群关系和谐稳定的重要保证，也是保持与增进党的生机与活力的重要途径。这就要求广大党员增强党性观念和群众观念，从人民群众中汲取思想营养，以维护广大人民群众的利益为己任，带领人民群众更好地开展新时代中国特色社会主义建设。为此，要坚定不移地用马克思主义中国化的最新成果武装全党、教育人民，推动马克思主义大众化的发展，在新时代、新征程中，使党和人民更加紧密地团结在一起，齐心协力，为实现中华民族伟大复兴的中国梦贡献更多的力量。

（二）有利于党获得更多的拥护与支持

群众对党的拥护与支持是党保持生机与活力的根本动力源，若想提升群众对党的拥护与支持，就必须使群众对党的性质、宗旨和任务有一个相对全面、深刻的认识，这就是推进马克思主义大众化传播的重要实践意义之一。

中国共产党代表着最广大人民的根本利益，是工人阶级的先锋队，也是中国人民和中华民族的先锋队，党以全心全意为人民服务为宗旨，党的事业就是全国亿万人民群众的事业。从新民主主义革命的胜利到迈入中国特色社会主义建设的新时代，在这一宏伟的征程中，一个又一个的胜利离不开人民群众对党的支持，也只有人民群众给予党足够的信任与支持，党才能在新时代带领人民群众更好地开展中国特色社会主义建设的实践。

推进马克思主义大众化，就是要增强人民群众对党的性质、宗旨和任务的认识，让更多的人民群众了解和理解党的路线、方针和政策，增进人民群众对党的事业的信心，真正做到在思想上和行动上信任、支持和拥护党的领导。

（三）有利于推动党的理论创新

"问渠那得清如许，为有源头活水来"，理论创新既是马克思主义理论永葆生机的奥秘，也是党保持生机与活力的重要源泉。中国共产党是一个勇于和善于进行理论创新的党，从新民主主义革命到新时代中国特色社会主义建设的中国共产党百年的伟大征程中，在长期的革命、建设和改革实践中，中国共产党始终坚持将马克思主义理论与中国的具体实践相结合，坚持理论创新，相继把马克思列宁主义、毛泽东思想、邓小平理论、"三个代表"重要思想、科学发展观和习近平新时代中国特色社会主义思想写入党章，显示了马克思主义理论强大的生机与活力，并在一个个优秀理论成果的指导下，推动着中国的现代化事业不断向前发展。

历史经验表明，党的理论创新与马克思主义大众化是一种相互促进的关系。一方面，党的理论创新有利于马克思主义大众化的传播。党的理论创新是建立在对实践的科学分析与总结的基础之上的，是一个对马克思主义理论丰富和发展的过程，党的理论创新对实践具有良好的指导作用，能够有效推动实践的发展。理论对实践良好的指导作用使人民群众能够更加真切地感受到党的理论的科学性与先进性，提升人民群众对党的理论的支持，使人民群众能够更加主动地去了解和学习党的先进理论，进而促进马克思主义大众化的发展。

另一方面，马克思主义大众化对党的理论创新具有显著的促进作用。人民群众是实践的主体，是历史的创造者，人民群众的生产与生活实践中凝聚着丰富的智慧，蕴含着优秀的品质。马克思主义大众化能够帮助人民群众树立科学的世界观，并帮助人民群众更好地开展生产生活实践，也正是在这种理论与实践结合中，不断取得新的发展成果，不断形成新的发展形势。群众了解和掌握了党的路线、方针和政策，再通过实践将一系列的路线、方针和政策转化为丰富多彩的实践成果，并将一系列的理论放在实践中进行检验，不断形成新的实践经验与新的发展理论，进而推动党的理论不断进行创新和发展。

三、有利于更好地阐释与发展中国特色社会主义

（一）引导人们科学认识社会主义的本质

党要带领人民群众更好地进行新时代中国特色社会主义的建设，就必须要让广大的人民群众科学认识社会主义的内涵，知道什么是社会主义，应该怎样建设社会主义。

科学社会主义是马克思和恩格斯从其所处时代的客观实际出发，充分吸收优秀的理念总结形成的。马克思与恩格斯对于社会主义的基本内涵以及运行方式做出了原则性的设计。社会主义在不同时间与不同地区的发展，则需要在具体的实践中进行探索。

在我国的社会主义实践中，曾经有过挫折，但更多是成功的探索。社会主义的本质是解放生产力，发展生产力，消灭剥削，消除两极分化，最终达到共同富裕。而这一本质是通过在社会主义建设中将马克思主义理论与中国具体实践相结合呈现出来的，在不同的历史时期有着不同的体现。时至今日，习近平新时代中国特色社会主义思想同样也是从理论层面揭示着社会主义的本质，引导着人们不断深化对于社会主义本质的认识。

马克思主义大众化的一项重要内容就是引导人们科学地认识社会主义，通过不同的方式向人们更好地阐释社会主义的本质，使广大的人民群众对于社会主义有一个科学、全面、系统的认识，只有这样，才能使社会主义更加深入人心，才能密切党和人民群众的联系，在新时代更好地指导人民群众开展建设中国特色社会主义的实践。

（二）帮助人们深入了解新时代中国特色社会主义

社会主义的本质更多揭示的是社会主义社会的根本性质，而要使人

民群众更加深刻地理解新时代中国特色社会主义，增强人们坚持中国特色社会主义的自觉性与坚定性，就需要引导人民群众了解中国特色社会主义的特点之所在。只有这样，才能让人民群众更好地分清中国特色社会主义与其他的不同类型的社会主义之间的区别，才能让人民群众更好地分清新时代中国特色社会主义与资本主义的区别。

新时代中国特色的社会主义是在全面总结我国社会主义发展经验，科学研判世界与我国发展形势，立足我国发展实践所形成的符合我国国情的社会主义。习近平新时代中国特色社会主义思想在思想上坚持马克思主义理论的指导，在内容上坚持理论联系实际，是科学社会主义在实践中的新的具体呈现，是符合我国发展实践与人类历史发展规律的。新时代的马克思主义大众化就是要不断增强人民群众对习近平新时代中国特色社会主义思想的认识，不断深化人民群众对新时代中国特色社会主义特殊性的认识，从而增强人们坚持中国特色社会主义的自觉性与坚定性。

（三）提升人们建设新时代中国特色社会主义的积极性

实践证明，社会主义建设伟大成就的取得，离不开人民群众积极性与主观能动性的发挥，新时代中国特色社会主义建设的伟大事业是中华民族的事业，是中国人民的事业，没有人民群众积极性的自觉发挥，就难以推进新时代中国特色社会主义的建设，因此，在新时代新的历史征程中，党要密切联系人民群众，紧紧依靠人民群众，为人民服务，对人民负责，带领广大人民群众充分发挥自身的主观能动性，积极投身到建设新时代中国特色社会主义伟大事业中。

提升人们建设新时代中国特色社会主义的积极性，就需要深入开展马克思主义大众化，马克思主义大众化不仅能够帮助人民群众认识什么是社会主义，还能帮助人民群众进一步了解党在新时代推进中国特色社会主义建设的基本路线、基本纲领以及社会发展的宏伟目标，有利于提升广大人民群众为了国家和人民的根本利益和新时代中国特色社会主义伟大事业而奋斗的积极性。

四、有利于促进新时代中国特色社会主义的建设

新时代中国特色社会主义的建设涉及国家发展的方方面面，需要人民群众紧密团结在党的周围，围绕总体发展布局，在党的带领下积极推进。在这一过程中，马克思主义大众化具有重要的作用。马克思主义大众化对于促进新时代中国特色社会主义建设的意义如图1-3所示。

图1-3 马克思主义大众化对于促进新时代中国特色社会主义建设的意义

（一）有利于引导政治认同

政治认同指的是人们在社会政治生活中对于现实政治体系及其运作所产生的情感和意识上的归属感，它与人们的心理活动有密切的联系，政治认同既表现在人们与政治体系保持一致的价值取向，对于具体政治体系与政治环境具有认同感上，也表现在行为活动上与具体的政治体系相一致，用符合具体政治体系的价值观自觉规范自身的行为。政治认同在社会政治生活中有十分重要的作用，是把人们组织在一起的重要凝聚力量。任何一个政治组织只有得到了其成员广泛的认同，才能获得充沛的生命力并长期存在；一个人只有在产生认同感的基础上，才能对一个

政治组织或一种政治信念表现出最大的热忱和忠诚。

马克思主义理论体系是关于全世界无产阶级和全人类彻底解放的学说,由马克思主义哲学、马克思主义政治经济学和科学社会主义三大部分组成,是在实践中不断地丰富、发展和完善的无产阶级思想的科学体系,一百多年来,它指导无产阶级的解放斗争取得重大胜利,并且随着社会实践和科学技术的发展而不断发展。在马克思主义理论的指导下,在中国共产党的领导下,我国建成了工人阶级领导的、以工农联盟为基础的人民民主专政的社会主义国家,并将马克思主义理论与中国不同时期的具体实践充分结合,取得了举世瞩目的发展成就。如今党带领人民迈入中国特色社会主义建设的新时代,在这一伟大的征程中,离不开马克思主义的指导与中国共产党的领导,也离不开广大人民群众的不懈奋斗,同样,也离不开党和人民的齐心协力,离不开人民群众的政治认同。

中国共产党是工人阶级的先锋队,代表最广大人民的根本利益。马克思主义大众化能够通过马克思主义理论的普及与教育,使广大人民群众了解马克思主义理论体系的基本内容,了解中国共产党的性质与价值追求,增强政治认同,更加紧密地团结在党的周围,在党的带领下更好地开展新时代中国特色社会主义建设。

(二) 有利于推进经济发展

发展是硬道理,是解决一切问题的基础和关键。经济发展是国家发展的中心环节,经济基础决定上层建筑,经济发展水平直接影响着一个国家的方方面面。无论什么时候,都需要重视经济的发展,重视人民生活水平的提升。在中国特色社会主义建设的新时代,还要重视经济发展的结构,保证经济发展的平衡与充分。

马克思主义经济发展理论在马克思主义理论体系中占据着十分重要的地位,它反映了现实经济运行的基本规律和客观要求,是对古典政治经济学的批判继承。同时,其内容也伴随着时代的发展与客观实践的变化而不断丰富发展。

目前,我国的经济正处于发展的关键期,虽然在一定程度上面临着转型的压力,但在党的领导下,我国经济的高质量发展步履坚定、前景光明。推进马克思主义大众化,能够让更多的人民群众了解马克思主义理论体系关于经济发展规律、经济发展特点以及我国经济发展的相关论述,了解当前我国经济发展的特征、形势,以及相关的经济政策,坚定人民群众对于经济发展的信心,同时掌握基本的经济知识,更好地指导生产生活实践,为国家的经济发展贡献力量。

(三)有利于繁荣先进文化

文化作为一种精神力量,能够在人们认识世界、改造世界的过程中转化为物质力量,对社会发展产生深刻影响。当今时代,文化越来越成为民族凝聚力和创造力的重要源泉,影响着国民生产生活的方方面面,是国家软实力的重要组成部分。

国家的发展,不仅要满足人民的物质需求,还要满足人民的精神需求,使人民拥有丰富的精神文化生活。马克思主义理论体系是人们认识与改造世界的强大思想武器,是符合我国发展实践的思想体系,因此,繁荣先进文化,必须坚持以马克思主义为指导。同时,繁荣先进文化还要重视文化的民族性,在继承和发扬传统优秀文化的基础上,兼收并蓄,以开放的姿态拥抱其他文明的优秀文化成果,百花齐放、百家争鸣,促进新时代文化的繁荣与发展。

中国共产党始终代表先进文化的前进方向,在繁荣先进文化的过程中,需要重视党的领导和马克思主义大众化的作用。人民群众是文化的创造者,先进文化的内涵也是在人民群众的生产生活实践中不断丰富和发展的。习近平新时代中国特色社会主义思想明确了五位一体的社会主义事业总体布局,其中就包括文化建设,由此可见,我党对于文化建设十分重视。马克思主义大众化能够使广大的人民群众了解马克思主义理论体系对于文化的科学论述,使人民群众在马克思主义的指导下,在党的带领下，以更加饱满的热情投身到繁荣先进文化的事业之中。

（四）有利于促进社会和谐

和谐、稳定的社会环境对于国家的发展至关重要，是党和国家进行社会主义建设的重要基础，无论是经济建设，还是文化发展，都需要一个和谐、稳定的社会环境。党和国家向来重视维护社会的和谐与稳定，社会主义核心价值观也进一步强调了文明、和谐的重要性。

和谐、稳定的社会环境需要在党的领导下，由全体人民群众共同打造，由全社会共同建设。一个社会能否保持长久地和谐稳定，在很大程度上取决于全体社会成员是否具有一致的政治认同，共同的理想信念，良好的道德规范等。

推动马克思主义大众化，能够进一步增强人民群众的政治认同，坚定人民群众共同的理想信念，形成良好的道德规范，为社会的和谐稳定提供有力的支持。同时，和谐、稳定的社会环境的构建还要依靠法治的力量，作为马克思主义中国化的最新成果，习近平新时代中国特色社会主义思想进一步明确了法治建设的重要性，从坚持和发展中国特色社会主义的全局和战略高度定位法治、布局法治、厉行法治，创造性提出了关于全面依法治国的一系列新理念新思想新战略。

第四节 马克思主义大众化的关键问题

一、处理好马克思主义与相关领域之间的关系

（一）处理好当代马克思主义与经典马克思主义、毛泽东思想的关系

经典马克思主义指的是马克思与恩格斯等人创立的马克思主义科学理论体系，是马克思主义体系的核心，由马克思主义哲学、马克思主义政治经济学和科学社会主义三大部分组成，是马克思、恩格斯在批判地继承和吸收人类关于自然科学、思维科学、社会科学优秀成果的基础上创立的科学的理论学说。经典马克思主义是科学的世界观与方法论，是人们认识和改造客观世界的强大的思想武器。

毛泽东思想指的是以毛泽东为代表的共产党人将马克思列宁主义基本原理和中国革命具体实际相结合的产物，是被实践证明了的关于中国革命和建设的正确的理论原则和经验总结，是马克思主义中国化的第一次历史性飞跃。

当代马克思主义主要指的是习近平新时代中国特色社会主义思想，它是对马克思列宁主义、毛泽东思想与中国特色社会主义理论体系的继承和发展，是马克思主义中国化的最新成果。习近平新时代中国特色社会主义思想立足于新时代中国发展的实际，体现了新时代最广大人民的根本利益与诉求，彰显了新时代中国精神与中国气魄，勾绘出新时代中国特色社会主义发展的新方向。

毛泽东思想、中国特色社会主义理论体系以及习近平新时代中国特

色社会主义思想，都是在坚持经典马克思主义科学内涵的前提下与中国不同历史阶段的革命建设实际充分结合的产物。推进马克思主义大众化，必须坚持以马克思主义为指导，牢牢把握马克思主义与时俱进的精髓，坚决维护马克思主义及其中国化的理论成果，深入贯彻习近平新时代中国特色社会主义思想，处理好马克思主义及其中国化成果之间的关系。

（二）处理好当代马克思主义与现实生活的关系

推进马克思主义大众化，要处理好当代马克思主义与现实生活的关系。首先，马克思主义大众化的进程就是不断赋予马克思主义实践特色、民族特色、时代特色，使人民群众学习、掌握和自觉运用的过程。实践特色就是一定要保证马克思主义能够切实指导人民群众开展实践，能够切实贴近人民群众的思想实际。一个理论，只有能够帮助人民群众解决实际问题，才能使人民群众自觉接受，主动传播。民族特色就是要使马克思主义大众化符合中国人民的接受习惯和认知规律，为广大的人民群众所喜闻乐见。时代特色，就是保证马克思主义大众化的内容与途径与时俱进，与新时代中国发展的进程相一致，能够科学反映新时代中国社会的新特点。

只有赋予当代中国马克思主义实践特色、民族特色、时代特色，同时在传播过程中坚持马克思主义基本原理和科学精神的前提下，将其转化为群众的语言，才能保证其符合广大人民群众的现实需求，才能将理论还原到群众的现实生活中去，更容易地为群众所接受，并进一步促进马克思主义的传播。

（三）处理好当代马克思主义与学术研究的关系

推进马克思主义大众化，固然需要关注传播的过程，但是不能将视角完全锁定在理论普及方面，还要关注马克思主义学术研究的推进。学术研究与理论普及是马克思主义大众化过程中的两个重要方面，相辅相成，相互促进，不能顾此失彼。

学术研究的专业化发展与马克思主义理论的大众化普及之间并不矛

盾，学术研究不是闭门造车，而是需要立足于实践。马克思主义学术研究的发展需要以马克思主义大众化的推进为基础，在实践中不断总结新的经验，形成新的理论。同样，马克思主义理论的普及也离不开学术研究，科学的理论对于实践具有积极的指导作用，只有在科学理论的指导下，马克思主义及其大众化普及才能取得不断的发展。

在中国共产党第二十次全国代表大会上，习近平总书记强调了新时代意识形态工作也需要重视理论研究的重要性，要深入实施马克思主义理论研究和建设工程，加快构建中国特色哲学社会科学学科体系、学术体系、话语体系，培育壮大哲学社会科学人才队伍。

马克思主义理论是发展的理论，理论的丰富与发展需要从实践中总结经验，并通过学术研究将其升华为马克思主义中国化的新成果，因此，在讲马克思主义大众化和普及化的同时，还应当重视深化理论学习，不断深化学术研究。

二、把握好马克思主义大众化、中国化、时代化之间的关系

党的十九大报告提出"必须推进马克思主义中国化时代化大众化，建设具有强大凝聚力和引领力的社会主义意识形态"，为新时代继续推进马克思主义中国化时代化大众化、深化马克思主义中国化时代化大众化研究明确了基本任务，提出了根本遵循。理解当代马克思主义大众化的内涵，必须把握好马克思主义大众化、中国化、时代化之间的关系。

（一）马克思主义大众化与马克思主义中国化

马克思主义中国化指的就是将马克思主义的基本原理与中国的具体实践和历史文化充分结合，形成具有中华民族特色，符合中国发展实际的马克思主义。马克思主义中国化的过程，一方面是用马克思主义的视角观察中国的发展，用马克思主义理论指导中国实践的过程。另一方面是在实践中深化对于马克思主义理论的认识，总结新的经验，并进一步丰富和发展马克思主义理论体系的过程。

马克思主义中国化的过程，是党和人民创造性地运用马克思主义指导中国实践的过程，同时也是马克思主义不断获得丰富与发展的过程，是马克思主义发展性的鲜明体现。实现马克思主义中国化，就必须对中国的历史文化有一个相对全面的了解。马克思主义诞生于欧洲，若想在中国实现良好的大众化传播，就必须与中国的文化相结合，与中国的实践相结合。把握中国国情是马克思主义中国化的基础，必须坚持用马克思主义立场、观点、方法研究解决中国革命、建设和改革的实际问题，深入总结中国人民的独创性经验，不断推进马克思主义中国化。

（二）马克思主义大众化与马克思主义时代化

马克思主义是发展的理论，与时俱进是其精髓，是它活的灵魂。同样，马克思主义大众化也是一个与时俱进的历史进程，马克思主义之所以至今仍然能够始终保持强大的生命力，就在于它能不断结合实践实现自身的丰富与发展，在于其能与时代的新理念、新特点不断结合，不断突破自身，在新的实践中总结经验，再将新的经验上升为理论，加入自身的理论体系之中。

体现时代精神、回答时代课题、引领时代潮流，不断推进马克思主义时代化，是推进马克思主义大众化的重要动力和条件。理论来源于实践，任何理论的产生都是基于其所处时代的实践发展。实践是认识发展的动力，任何理论的产生与发展都是为了回应时代的课题，回应实践发展的需求。实践是认识的目的，理论的最终目的则是指导实践的开展。实践是不断发展的，只有理论具有时代性，才能在其所处的时代对实践具有科学的指导作用。实践是检验认识真理性的唯一标准，理论是否具有价值，是需要将其放在具体的实践中进行检验的，只有经过实践检验的认识才能被称之为真理，能够科学指导实践的开展，并进一步总结形成具有真理性的理论。由此可见，时代性是科学理论所必需的特性。

任何一种理论都是时代的产物，都具有鲜明的时代特色，都必然反映和体现它所处的那个时代的主题，适应时代的要求，都是时代化的理论。马克思主义理论的时代性也要求在推进马克思主义理论大众化的过程中，要结合时代的特点，回应时代的呼唤，符合当今时代人民群众的需求。

（三）马克思主义大众化、中国化、时代化的有机统一

推进马克思主义大众化，必须重视马克思主义理论与人民群众之间的联系，强调马克思主义理论与实践之间的联系。马克思主义大众化本身就是使广大的人民群众学习、掌握和自觉运用马克思主义理论解决实际问题的过程，其中，人民群众既是马克思主义大众化的传播对象，同时又是马克思主义大众化的传播主体，而人民群众在马克思主义指导下所开展的实践，则具有鲜明的时代性。因此，在马克思主义大众化的过程中，必须坚持马克思主义的中国化与时代化，使马克思主义能够切实帮助广大的人民群众解决在实践中遇到的问题。

马克思主义大众化、中国化、时代化三者之间具有内在的一致性，三者都是立足于人民群众的现实实践，是一个统一的有机整体。马克思主义中国化、时代化、大众化三者紧密联系、相互促进。

一方面，马克思主义中国化、时代化为马克思主义大众化奠定了前提和基础，一个理论只有符合实践发展的需求，符合中国人民的认知规律与认知习惯，才能更容易被广大的中国人民所接受，更好地实现大众化发展。马克思主义大众化则是马克思主义中国化、时代化的目的和归宿，马克思主义与中国实践相结合的重要原因就是推进马克思主义大众化的发展，使人民群众在党的带领下，能够自觉运用马克思主义思考和解决问题。马克思主义中国化、时代化每前进一步，大众化就要及时跟进一步。

另一方面，马克思主义大众化与马克思主义中国化、时代化也不是简单并立的，在马克思主义大众化、中国化、时代化中，中国化处于核心地位。马克思主义中国化本身就包含着时代化和大众化要求，蕴含时代化、大众化的内容。因此，必须从马克思主义中国化、时代化、大众

化的统一联系中,来进一步理解马克思主义大众化的内涵。

马克思主义大众化与马克思主义中国化、时代化三者统一于中国的革命与建设实践之中。纵观马克思主义在中国的发展历程,马克思主义之所以能够被中国广大的人民群众所接受,之所以能够科学指导中国革命与建设实践的展开,是因为马克思主义不断与中国的实践、中国的历史、中国的文化相结合,适应了中国的情况,符合中国解决时代课题的需要,能够解决中国在革命与建设时期各个阶段所面临的问题。

马克思主义大众化与马克思主义中国化、时代化侧重点不同,但并不是分立的,而是一个统一的实践过程,其基础都是实践。新时代推进马克思主义大众化,需要坚持以马克思主义为指导,坚决学习和贯彻习近平新时代中国特色社会主义思想,坚定不移地走中国特色社会主义道路,坚持与时俱进,立足于实践不断实现理论创新,继续推进理论与实践的双重探索,为马克思主义大众化注入强大的动力。

第二章　当代马克思主义大众化传播路径研究的理论基础

第一节　马克思主义认识论

一、马克思主义认识论概述

（一）马克思主义认识论的概念和主要内容

1. 马克思主义认识论的概念

马克思主义认识论，即辩证唯物主义认识论，是关于人类的认识来源、认识能力、认识形式、认识过程和认识真理性问题的科学认识理论。马克思主义认识论是辩证唯物主义的重要组成部分，是一种革命的、能动的反映论。"认识"是马克思主义认识论研究的核心，实践的观点是马克思主义认识论首要的、基本的观点。

2. 马克思主义认识论的主要内容

（1）马克思主义认识论是可知论。"可知"是马克思主义认识论基本的观点之一。马克思主义认识论认为客观的物质世界是可以被人们所认识的，人们不仅能够认识到物质世界的现象，还能透过现象认识到物质世界的本质，世界只存在尚未被人们所认识到的事物，不存在不能被人们所认识的事物。

马克思主义认识论的基本前提是反映论，与以先验论为前提的唯心主义具有鲜明的界限。马克思主义认识论认为物质世界是不以人的主观意志而存在的，人的意识是物质世界长期发展的产物，是人脑对于客观世界的主观反映。同时，马克思主义认识论与机械、被动的旧唯物主义认识论有着鲜明的区分，马克思主义认识论反对用片面、静止、孤立的眼光看待问题，提倡用全面、联系、发展的思维去认识世界，它表现为一种能动的、革命的反映论。

（2）马克思主义认识观。马克思主义认识论认为认识的主体是从事实践活动的人，其具有自然性、社会性、实践性和意识性等特征，其中，实践性是认识主体的本质特性。认识的客体有三种基本形式，分别是自然客体、社会客体和精神客体。认识的客体具有客观性、对象性、社会性和历史性等特征。马克思主义认识论认为认识的本质就是主体对客体的能动反映。马克思主义认识观认为认识具有反复性、无限性和上升性。

首先，认识具有反复性。人类的认识活动不是一蹴而就的，而是不断发展变化的，具有鲜明的反复性。从认识的主体来看，人们对客观事物的认识总要受到主观条件的限制。从认识的客体来看，客观事物是复杂的、变化着的，其本质的暴露和展现也有一个过程。这就决定了人们对一个事物的正确认识往往要经过从实践到认识，再从认识到实践的多次反复才能完成。

其次，认识具有无限性。认识的对象是无限的、变化着的物质世界，作为认识主体的人类是世代延续的，作为认识基础的社会实践是不断发展的。人类的认识是无限发展的，追求真理是一个永无止境的过程。

最后，认识具有前进性和上升性。认识运动的反复性和无限性表明，对真理的追求是一种波浪式的前进或螺旋式上升的过程。人类认识的发展表现为"实践—认识—再实践—再认识"的无限循环，它在形式上是循环往复，在实质上是前进上升。

（3）实践与认识。实践的观点是马克思主义认识论最突出的特点之一，马克思主义认为实践是人们改造客观世界的一切活动。实践首先具有物质性，这是由实践的主体、实践的手段、实践的对象以及实践的结果来决定的。实践的主体是人民群众，实践的手段是具体的工具和设备，实践的对象是客观的自然与社会，实践的结果则是引起自然或社会的某种变化。

第二章 当代马克思主义大众化传播路径研究的理论基础

马克思主义认识论将实践划分为三种基本形式。第一种是生产实践，指的是处理人与自然关系的活动。第二种是处理社会关系的实践，指的是处理人与人关系的活动，比如阶级斗争、社会革命和社会改革。第三种是科学实验，指的是从生产实践中分化出来的探索性活动。科学实验能够提高生产活动水平，使人类合理获取生活资料。主要表现为通过实践建立科学理论，或者是运用实践成果推动生产发展。

马克思主义认识论认为实践与认识是辩证统一的关系，实践是认识的基础，实践决定认识，认识对实践具有反作用。实践对认识具有决定作用的表现如图 2-1 所示。

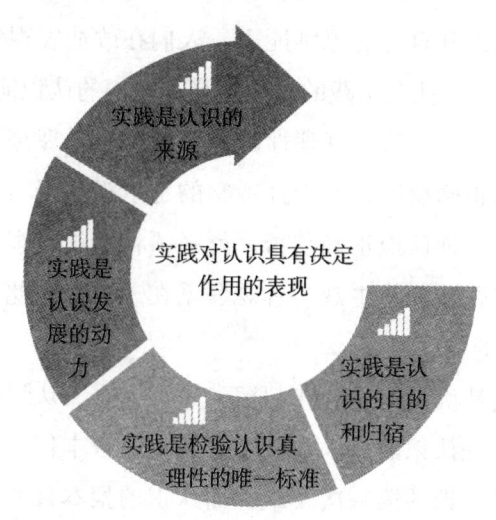

图 2-1 实践对认识具有决定作用的表现

第一，实践是认识的来源。人类在改造自然的过程中产生了认识的需要，人类的认识活动是为了解决和完成实践提出的问题和任务而产生的。同时，实践还为认识的形成提供了可能，实践将认识的主体与客体直接地、现实地连接起来，客观事物通过实践这一中介才转化为主体的认识对象和认识内容。而主体在认识客体过程中会对客体信息进行主观加工，主观加工所依赖的思维模式同样也来源于实践。

第二，实践是认识发展的动力。实践对认识的推动作用主要表现在三个方面。首先，实践的需要推动了认识的发展，实践的需要不断为认识提出新的课题，规定了认识发展的方向，推动人们积极开展新的探索，形成新的理论。其次，实践为认识的发展创造了条件，社会实践给人们认识事物不断提供日益完备的认识工具和技术手段，从而冲破了人的感官局限，扩大了人类的认识领域，拓展了人类的认识视角，推动了人类认识不断向前发展。社会实践的发展也为人们解决新问题提供了必要的经验材料，因为任何认识的突破与发展都是建立在已有认识的基础之上的，都需要依据大量的经验与材料。最后，作为认识主体的人类能够通过社会实践不断提升自身的思维能力，人们在改造客观世界的同时改造了自己的主观世界。社会实践的水平越高，人们的认识能力就越强。

第三，实践是检验认识真理性的唯一标准。真理是人们对客观事物及其发展规律的正确反映，真理性考察的是主观认识与客观实践是否相符。如果要检验一种认识正确与否，就必须将主观与客观充分联系在一起，由于只有实践才能将主观与客观联系在一起，因此，实践是检验认识真理性的唯一标准。

第四，实践是认识的目的和归宿。马克思主义认识论认为实践是认识的终极目标，是认识的目的和归宿。认识的根本任务是由感性认识到理性认识，这是认识的第一次飞跃，而认识的根本目的则是用认识正确地指导实践，这是认识的第二次飞跃。其中，第一次飞跃不能保证理性认识的正确性，而第二次飞跃可以将认识放在实践中进行检验，使认识得到进一步的修正、补充和发展。认识产生于实践的需要，而实践的目的则在于改变世界以满足人的需要。因此，认识必须满足实践的需要，为实践服务。

认识对实践具有反作用，正确的认识对实践起着积极的促进作用，而错误的认识则对实践起消极的阻碍作用，甚至会导致实践的失败。在实践中，要重视认识的反作用，用科学的理论指导实践的开展。

（4）真理观。马克思主义认识论认为真理是人对于客观事物及其规律的正确反映，是标志主观同客观相符合的哲学范畴。真理在形式上是主观的，因为真理属于认识范畴，是一种符合认识与实践发展规律的理性思维的结晶，而不是一种客观存在。真理的内容是客观的，是不以任何人的主观意志为转移的，检验真理的标准是客观的。实践是检验真理的唯一标准，客观性是真理的本质属性。

真理是具体的，任何真理都是主观与客观、理论与实践的统一。但真理也是有条件的，真理与谬误之间没有不可逾越的鸿沟，两者是对立统一的关系，任何真理如果超出了自己适用的条件和范围，真理就会变成谬误。

（二）马克思主义认识论的特点

1. 将实践的概念引入认识论

马克思主义认识论最鲜明的特点之一就是将实践的观点引入认识论，并强调实践对于认识的决定作用，马克思主义认识论继承了唯物主义反映论的基本立场，它坚持物质第一性、意识第二性，正确揭示了实践与认识之间的辩证关系。

马克思主义认识论是一种反映论，认为人的认识产生于对物质世界的反映。物质世界是不依赖于人的意志而客观存在的，独立于人的意识之外。马克思主义认识论对作为认识主体的"人"也有详细的阐述，马克思主义认识论不仅认为认识是主体对于客体的反映，而且指出它是结成一定社会关系的人的反映，这里的人是社会的人、具体的人，是在社会实践中与别人发生现实的、具体的联系的人。

马克思主义认识论认为人的认识、主体对客体的反映来源于人的社会实践，并随着实践的发展而发展。实践先于认识，实践决定认识。人在成为认识的主体以前，首先是成为实践的主体。人们的认识会由于时代的不同、实践内容的不同、实践水平的不同展现出不同的内容，因此，马克思主义认识论认为应该从实践的、社会的、历史的、发展的角度去全面考察人的认识活动。

2. 将辩证法应用于认识论

马克思主义认识论将辩证法应用于反映论，揭示了认识活动辩证的特点，这是马克思主义认识论的显著特性之一。马克思主义认识论认为认识具有反复性、无限性和上升性，认识与实践之间是一种辩证统一的关系，认识的发展过程也是不断从实践到认识再到实践的反复过程，即从感性认识上升为理性认识，又由理性认识回归实践，在这种螺旋发展的过程中实现对于客观世界的改造。

马克思主义认识论将辩证法应用于认识论还体现在，马克思主义认识论认为人们不但能够认识客观世界的表象，还能够透过表象去把握客观世界的本质规律。由于认识活动的主客体都是不断运动、变化和发展的，因此，人们对于客观世界的认识也是无穷的，人们的认识能力同样也是不断提高和发展的。

3. 重视认识的目的

马克思主义认识论认为，认识世界的目的在于改造世界，人们在实践中不断产生对于客观世界的认识，因而能对客观世界作出解释，但这并非认识的目的，认识的目的与归宿在于通过认识和掌握客观世界的规律，能动地改造世界。马克思主义认识论认为认识的最终目的是改造世界，这是将实践引入认识论的理论成果，因为实践决定认识，实践不仅是认识的起点，同样也是认识的终点。因此，马克思主义认识论不仅包括世界观，还包括一系列对于实践具有科学指导意义的方法论。

二、马克思主义认识论与当代马克思主义大众化

（一）科学认识马克思主义大众化

马克思主义认识论是一种阐释人类认识活动的来源与过程，并为科学认识和改造世界提供方法论支撑的唯物辩证主义理论。它一方面坚持唯物论，强调实践对认识的决定性作用，另一方面坚持辩证法，承认认识的能动作用，即认识与实践是辩证统一的关系，认识对客观世界具有反作用。

马克思主义认识论唯物性和辩证性特点决定了实践是检验认识的真理性的唯一标准。认识活动通常会经历从感性认识到理性认识，再由理性认识到改造客观世界的辩证过程。正确、科学的认识往往经过实践的反复检验，最终证明其真理性。这些经过实践检验的科学认识对实践具有积极的促进作用，能够指导人们开展成功的实践。因此，在当代马克思主义大众化传播的过程中，若想取得更好的传播效果，就需要坚持以马克思主义认识论为指导，使马克思主义传播路径的探索建立在科学认识的基础之上。科学认识当代马克思主义大众化的内涵如图 2-2 所示。

图 2-2　科学认识当代马克思主义大众化的内涵

1. 对马克思主义大众化本体的科学认识

推进当代马克思主义大众化，需要当代马克思主义大众化主体自身对于马克思主义理论的基本内容和最新成果、马克思主义大众化的内涵以及当代马克思主义大众化的主要任务有一个全面、科学的认识。只有科学地认识这些内容，当代马克思主义大众化主体才能充分发挥自身在马克思主义大众化传播中的主体作用，使马克思主义大众化取得较好的大众化传播的效果。作为马克思主义大众化的主体，如果对马克思主义理论及其最新成果的具体内容、马克思主义大众化的内涵与任务都不了解的话，就难以准确把握马克思主义大众化的过程，难以将正确的理论落实到具体的实践之中。

2.对人民群众认识规律的科学认识

推进当代马克思主义大众化，还需要当代马克思主义大众化主体对于人民群众的认识规律有一个科学的认识。人民群众是马克思主义大众化传播的对象，只有充分了解人民群众的需求和人民群众的认识规律，才能更好地使马克思主义理论深入群众的内心，使人民群众能够自觉接受、掌握马克思主义理论，并能够在实际生产生活实践中熟练运用。

3.对当代马克思主义大众化的科学认识

当代马克思主义大众化传播的效果不仅与当代马克思主义理论本身、马克思主义大众化主体和马克思主义大众化传播的对象有关，与当代马克思主义大众化传播的环境同样有着密切的联系。马克思主义大众化是在一定环境中开展的，这里所说的环境既包括直观的物质环境，也包括以制度环境、文化环境、教育环境为代表的非物质环境。科学推进马克思主义大众化，必须充分考量其所处的环境，根据具体的环境选择合适的传播方式，即保证马克思主义大众化符合从实践出发总结形成新的认识，再利用新的科学的认识指导具体实践的规律。只有根据具体的实践环境推进马克思主义大众化，才能保证其发挥应有的作用。

4.对相关学科知识的科学认识

当代马克思主义大众化传播要求马克思主义大众化主体对于马克思主义大众化过程中所涉及的相关学科知识有一个科学的认识。

当代马克思主义大众化进程的推进不能依靠单一主体，而是需要领导主体、教育主体、科研主体、传播主体、实践主体等多主体共同努力推进。当代马克思主义大众化也不是单一学科领域的问题，当代马克思主义大众化传播需要以包括哲学、政治学、传播学、教育学、心理学等在内的多学科的知识体系为支撑，以不同学科的方法论为指导。

从整体的视角来考察，在当代马克思主义大众化传播的过程中，任何环节都不是孤立的，而是相互联系的。任何一个环节的主体都不能仅仅关注到自身所处环节的任务，还要考虑到本环节与其他环节之间的衔接，因此，当代马克思主义大众化需要各主体对于自身所处环节的知识有一个全面、系统的掌握，同时，对于其他环节涉及的知识有一个科学的认识与了解。

（二）马克思主义认识论在当代马克思主义大众化传播过程中的应用

若想科学推进马克思主义大众化，就必须对当代马克思主义大众化传播路径有一个科学的认识，而这种科学的认识绝不是对既有模式的简单套用，也不是一蹴而就的，而是从实践中产生理性认识，再经由实践的检验产生科学的认识，然后用科学的认识指导实践的过程。因此，要获得当代马克思主义大众化传播路径的科学认识，就需要以马克思主义认识论为指导，并处理好以下四个方面的关键问题。

1. 注重实践在认识活动中的地位与作用

实践观是马克思主义认识论最鲜明的特点之一。马克思主义大众化的过程中要想坚持马克思主义认识论的指导，就需要重视实践在认识活动中的地位与作用。实践是认识的基础，是认识的来源，是认识发展的动力，是检验认识真理性的唯一标准，同时，实践还是认识的目的与归宿。推进当代马克思主义大众化，就需要人民群众积极参与马克思主义大众化传播的实践，在实践中认识马克思主义大众化的规律，在实践中检验马克思主义大众化传播方法论的正确性，在实践中总结和提升马克思主义大众化的理论。

2. 关注认识活动的反复性与发展性

马克思主义认识论认为，认识活动的发展表现为"感性认识—理性认识—实践"的循环往复和螺旋上升的过程。要在当代马克思主义大众化过程中形成科学的认识，就必须要经历这样一个反复的过程。需要不断地调查搜集感性材料，反复经过"去粗取精、去伪存真、由表及里、由此及彼"的过程上升为理性认识，并应用于实践。

3. 明确认识活动的侧重点

由于马克思主义大众化的进程需要多元主体协同推进，因此，马克思主义大众化在不同的环节有不同的任务和不同的侧重点。不同的主体在马克思主义大众化过程中所处的环节不同，不同主体的马克思主义大众化传播任务也不同，对于马克思主义大众化的认识活动应该有明确的侧重点区分。

4. 重视对于本质的把握

在当代马克思主义大众化传播的过程中，传播主体需要透过现象看本质，对于马克思主义大众化的目的、路径、效果以及人民群众的反馈需要有一个相对深刻的认识，并能够根据认识及时优化马克思主义大众化传播的路径。

第二节 现代传播理论

一、现代传播理论概述

（一）传播的概念与特点

1. 传播的概念

信息传播有着悠久的历史，它是伴随着人类的诞生与发展而发展的。在人类发展的过程中，无时无刻不伴随着信息传播与信息交流，无论是传递信息、交流感情还是其他类型的活动往来，都属于传播的范畴。

传播是人类信息交流的过程，是不同行为主体间信息的传递与交流，表现为信息之间的相互联系、相互作用与相互制约。可以说，信息交流的过程本身就是信息传播的过程。

关于传播的概念，不同的研究学者站在不同的角度所得出的结论也有所不同，但对于传播的基本内涵，学者们的观点基本一致，即传播是人类社会中产生相互关系的一种现象，指的是两个相互独立的系统之间，利用能够共同识别与共同利用的媒介和途径所进行的、有目的的信息传递活动，包括信息的流通、共享和扩散。

随着时代的发展，信息传播的形式愈发丰富多样，信息的传播效率显著提升。有"传播学之父"之称的施拉姆按照现代传播理论的指导，创立了新的信息传播模式，标志着现代传播学的成熟，而这一模式所体现的现代传播理论正是当前所需要的直接性理论基础，因为当代中国马克思主义大众化从本质上来讲就是一种理论的传播过程。

今天，现代传播理论在经典传播理论的基础上，将网络与信息技术等先进的技术与信息传输方式引入传播理论的研究之中，进一步丰富了传播学理论的内涵，也为当代中国马克思主义大众化传播路径的探索提供了更多的理论支持。

2. 传播的特点

传播作为人类社会运行的重要组成要素，具有十分鲜明的特点，传播的特点主要有以下几点，具体内容如图2-3所示。

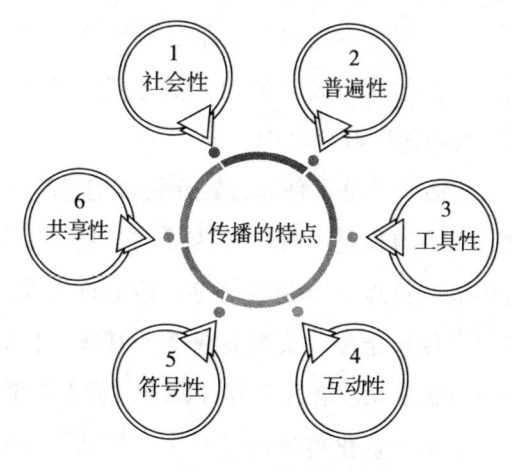

图 2-3 传播的特点

（1）社会性。社会性是人类信息传播最为显著的特性之一，传播是人类社会为维持生产生活而进行的一种社会行为，传播与社会相互依存，任何传播行为都不能脱离社会而独立存在。同样，社会的运行和发展也离不开传播，以人际交往为核心的公共关系离不开信息的传递及沟通，其基本的运行方式就是现代社会组织同各界社会公众、社会环境进行信息交流的活动。

当代马克思主义大众化的目的是让广大的人民群众能够更好地理解和掌握马克思主义的理论内涵，并能在马克思主义理论的指导下更好地开展生产生活实践。实践活动是在一定的社会环境中进行的，并作用于社会。因此，当代马克思主义大众化无论从主体、对象、目的、路径还是运行过程中，都体现着鲜明的社会性。

（2）普遍性。传播的普遍性表现在传播行为无处不在，无时不有。大到国际交往、新闻报道、政策宣传、理念普及、知识传授等，小到日常交流、查阅信息和信息传播等都在其中发挥着重要的作用。传播的普遍性源于其社会性。正是因为传播与社会相互依存，使得人同样也具有鲜明的社会性，个人的生存和发展离不开社会。对与社会运行至关重要的传播来说，其存在形式必然是广泛的、丰富的、普遍的。

当代马克思主义大众化不能局限于某几种传播方式，要掌握传播的新技术与新模式，灵活运用不同类型的传播方式，将马克思主义科学理论更好地传播到广大的人民群众之中。

（3）工具性。传播本身是一种通过媒介促成信息交流的过程，因此，传播从整体上也可以被看作是一种信息传播的工具。工具性是人们从功能的角度来考察传播的特点而得到的结论。传播首先发挥着交流工具的作用，如教授知识、传达指令、交换意见等。其次，传播还发挥着消遣性工具的作用，如唱歌跳舞、语言类节目表演、美术雕塑鉴赏等。

在当代马克思主义大众化传播的过程中，传播发挥着至关重要的工具作用，传播路径的选择直接影响着当代马克思主义大众化的成效，当代马克思主义大众化的传播主体要用广大人民群众喜闻乐见的方式开展马克思主义大众化传播实践，使广大的人民群众更容易接受马克思主义理论，更容易理解马克思主义理论，能够更好地运用马克思主义理论解决生产生活实践中遇到的问题。

（4）互动性。互动性是现代传播活动的显著特性，表现在传播活动是在人与人之间进行的，是一种双向对称的、相互的行为。单向传播一般存在于传统的传播模式中，传授双方在信息交流方面并不平等，一方只能接受另一方单向的信息传送，类似于宣传活动。在现代信息传播中，传播的过程起始于传播主体，但却并不是终于信息接收者，而是回归到传播主体，呈现为一种循环往复和螺旋上升的结构。这一过程使传播的反馈作用得到了充分的发挥，不仅传播了信息，还给予受传者的需求以足够的尊重，充分体现了现代传播过程的互动性与发展性。

当代马克思主义大众化并非简单的信息单向传输，而是一种传受双方相互促进的过程，当代马克思主义大众化"从群众中来，到群众中去"，在向广大人民群众传输马克思主义理论的同时，根据人民群众的实践成果、实践经验以及在实践中产生的新需求，不断丰富自身的理论内涵，以对实践产生更好的指导作用。

（5）符号性。符号性是人们从信息传播过程出发考察传播特性而得到的结论。符号是信息传播的重要中介，其最重要的特点是能够被信息传受双方所接受。人类传播信息，主要靠语言符号，也经常借助非语言符号。符号的含义非常广，包括语言、文字、音响、图画、形象、表情、动作等。在传播过程中，传播的一方制作、传递符号，另一方接收、还原符号。

符号一般蕴含着大量的信息，同时，符号自身的性质对于信息传播也具有十分重要的影响。当代马克思主义大众化传播的过程中，信息传播主体要注重传播符号的重要性，既要保证传播符号能够被人民群众所识别，还要保证传播符号能够被人民群众所愿意接受。

（6）共享性。共享性是人们从信息传播的目的出发考察传播特性而得到的。信息传播的目的在于信息共享，传受双方共同分享信息内容。能与对方共享信息、立场、观念并建立共同性才是最有效的传播。

共享既是传播的重要特性之一，同时也是新时代重要的发展理念，在当代马克思主义大众化传播的过程中，传播主体与广大的人民群众在内的受众群体共享信息，共同促进马克思主义大众化的传播。

（二）现代传播系统的构成要素

现代传播的过程是一个复杂、完整的系统，由多种要素构成。现代传播系统的构成要素如图2-4所示。

图2-4 现代传播系统的构成要素

1.传播者

传播者是信息的发出者，是指在传播过程中处于主动地位一端的组织或个人，也被称作信源。在现代性传播体系中，传播者可以以个人的形式出现，如人际传播活动；也可以以群体组织的形式出现，如群体传播和大众传播。

传播者具有代表性、自主性、专业性、集体性和复杂性等特点，其在传播活动中占据着十分重要的地位。传播者不仅决定着传播活动的存在与发展，而且决定着信息内容的质量与数量、流量与流向，可以说，传播者直接影响着信息传播的实际效果。在当代马克思主义大众化传播的过程中，传播者一般包括新闻门户网站、新媒体平台、报社、广播电台、电视台、杂志社及其内部的编辑、记者等。

2. 传播内容

传播内容就是在传播过程中，传播者所传递的信息。在现代传播中，传播内容也包括受传者的反馈信息，一般认为，传播内容就是经过符号再现的信息，具体来说，就是媒介的各种产品，如新闻报道、影视作品、电视节目和报刊书籍等。传播内容的表现形式为语言、符号和图像，是内容及其形式"符号"的综合体。符号只有与内容结合才能成为信息，只有内容没有符号或只有符号没有内容的信息都是没有意义的。

在当代马克思主义大众化传播的过程中，传播的内容就是弘扬马克思主义理论以及对发展马克思主义理论具有促进作用的信息。若想使当代马克思主义大众化取得良好的效果，信息传播主体就必须重视传播内容的质量，不仅要使传播内容能够准确反映马克思主义理论的优秀品质，同时还需要以人民群众喜闻乐见的形式去加工传播内容，有效提升当代马克思主义大众化的传播效果。

3. 传播对象

传播对象也称受传者或受众，多指传播过程中内容的接收者，如读者、听众、观众等个人、组织和群体。在现代传播理论中，传播者与传播对象的地位并非一成不变的，而是可以相互转换的。在信息反馈时，原本的传播对象就成了信息的传播者，处于传播信息的地位。

在当代马克思主义大众化传播的过程中，传播对象一般指的是人民群众，当代马克思主义大众化的目的就是通过宣传与教育，使广大的人民群众掌握马克思主义的原理与方法论，帮助广大人民群众构建更加科学的世界观、人生观与价值观，并能够将马克思主义科学理论更好地运用到实践之中。当然，人民群众从实践中总结新的经验，产生新的需求，反过来促进了马克思主义理论体系的进一步丰富。

4. 传播媒介

传播媒介指的是信息传播的中介和途径，也叫传播渠道，是传播内容的载体。传播媒介主要包括两层含义，一种是指传递信息的手段，包括计算机与网络、电视、广播、杂志等。另一种是指从事信息的采集、选择、加工、制作和传输的组织或机构，如电视台、报社等。

传播媒介在当代马克思主义大众化传播的过程中发挥着重要的作用，从技术手段方面来说，传播媒介的发达程度决定着信息传播的速度、范围和效率，从组织机构方面来说，传播媒介的思维倾向、组织构成、人员素质、文化背景等决定着信息传播的质量与效果。

5. 传播反馈

传播反馈也被称为传播效果，指受传者对传播者所传播的信息的一种反应，再把这种反应反馈给传播者的过程。传播反馈是现代传播理论的重要特点，也是当代信息传播过程的重要构成要素。反馈是检验传播是不是双向的重要标准，具有健全的反馈系统才能更好地实现传播的双向沟通。全面、准确、及时的信息反馈可以使传播者尽快调整传播政策和行动，改进传播方式，提高传播质量。

当代马克思主义大众化更需要重视反馈的重要性，因为马克思主义大众化的传播对象是广大的人民群众，而人民群众是实践的主体，是历史的创造者，中国共产党代表最广大人民的根本利益，因此，马克思主义大众化要重视广大人民群众的反馈，不断完善传播工作的路径与内容。

6. 传播环境

所有传播活动都是在一定的环境下进行的，不同的环境会使传播活动取得完全不同的效果。传播环境具有无限性，不仅指信息传播的外在物质环境和文化环境，也包括信息传播参与者的内在心理环境。传播环境形形色色，千姿百态，各有不同，不同的传播环境适配不同的传播模式，在当代马克思主义大众化传播的过程中，传播者要根据不同的环境

第二章 当代马克思主义大众化传播路径研究的理论基础

进行分析并制作相应的信息,选择适应环境的传播媒介,进行卓有成效的传播活动。

二、现代传播理论与当代马克思主义大众化

(一)现代传播理论的基础性作用

人类的一切生产生活实践都离不开传播,而传播也伴随着人类改造世界的进程而不断发展。理论来源于实践,随着时代的发展与科技的进步,传播活动无论从形式上、内容上还是效率上都得到了极大的丰富与提升,现代传播理论也由此产生。

施拉姆按照现代传播理论的指导,创立了新的信息传播模式,标志着现代传播学的成熟。而这一模式所体现的现代传播理论为传播活动的发展提供了直接性理论基础,因为当代中国马克思主义大众化从本质上来讲就是一种理论的传播过程。

研究当代马克思主义大众化传播路径,不仅需要以马克思主义认识论为指导,立足于国家发展的实践,还要符合广大人民的利益,符合人民群众的认知规律。另外,还需要充分研究现代传播理论,这是从具体传播层面研究当代马克思主义大众化传播路径的必然要求,因为当代中国马克思主义大众化是一个传播的过程,若想实现更好的马克思主义传播效果,就必须注重对传播系统各个组成要素的研究,重视传播理论对于马克思主义大众化传播路径的基础性指导作用。

(二)现代传播理论促进当代马克思主义大众化发展

1. 重视传播的目的与结果

传播的最终目的是实现信息的"传通",即信息的传播能够实现传播主体预想的效果,能够达到传播主体希望达到的目的。有效的传播活动必须具有目的性,且追求效果性。传播不是简单的信息传递,没有目的或者没有实现效果的信息传递活动仅仅是一种信息运载的过程,都不能算作完整的传播活动。在当代马克思主义大众化过程中,不仅要重视

其传播的过程,还要重视其传播的目的与效果,不能使马克思主义大众化浮于表面,要使马克思主义理论切实深入群众内心,使群众能够深入理解马克思主义理论,并能够切实运用马克思主义理论指导生产生活实践的开展。

2. 重视传受双方的互动

现代传播理论重视对传播效果的考察,因此强调信息传播反馈的重要性,倡导建立一种信息传受主体平等的传播运行机制,保证信息在传受主体之间的有效传递。具体到当代马克思主义大众化的过程中,不仅要使马克思主义理论能够全面、准确地传递到人民群众之中,还要倾听广大人民群众的声音,了解人民群众的诉求,从实践中汲取新的营养,丰富马克思主义大众化理论体系。

为了使当代马克思主义大众化实现良好的传播效果,就必须构建良好的反馈机制,在马克思主义大众化传播过程中实现传受主体之间良好的信息沟通与互动,充分考虑传播主体与受传者两方面的因素,在信息传受双方地位上的平等性与目标上的一致性的基础上搭建二者互动的平台,形成一种传受主体之间充分了解、顺畅沟通的和谐的传播关系,真正践行以马克思主义理论为指导,"从群众中来,到群众中去"的工作方法。

第三节 路径依赖理论

一、路径依赖理论概述

（一）路径依赖理论的发展

1. 路径依赖理论的提出

路径依赖理论最早源于生物学研究，美国古生物学家埃尔德雷奇和古尔德提出，他们在研究中发现物种的进化往往以跳跃的方式进行，而非渐变进行，生物进化的路径往往受到突变因素的影响，这些突变因素的出现具有偶然性与随机性，在此基础上，结合进一步的研究与探索，埃尔德雷奇和古尔德首次提出了路径依赖的概念。

2. 路径依赖理论的演化

20 世纪 80 年代，路径依赖理论被引入社会科学领域，主要被用来分析技术变迁问题。20 世纪 90 年代，美国学者诺斯将路径依赖理论的研究重心转移到了制度变迁领域，使路径依赖的研究从技术层面转向社会层面。诺斯认为，制度变迁与经济增长之间有着密切的联系，一个国家，如果制度变迁的路径是正确的，那么其经济将会沿着正确的发展方向实现良性发展。反之，如果一个国家的制度变迁路径是错误的，那么其经济运行则会被导向错误的轨道，使经济增长处于低效率状态。

以诺斯为代表的学者不断发展路径依赖理论，将路径依赖理论广泛拓展到政治、经济、文化、社会、心理、管理等研究领域，并在这一过程中不断丰富路径依赖理论的内涵，不断拓宽路径依赖理论的应用范围。

(二）路径依赖理论的内涵

由于路径依赖理论在发展过程中被拓展到了不同的领域，因此，其概念也伴随着研究方向的不同而有不同的阐释。

技术变迁学派认为路径依赖指的是技术选择存在不可预见性、被锁定和缺乏效率的状况。技术变迁的过程既可能出现非效率技术锁定的结果，也可能出现非效率技术被更有效率的技术取代的结果。最终哪个技术取得优势地位受许多因素影响，这些因素共同塑造着技术发展的路径。

制度变迁学派认为路径依赖指的是在制度变迁过程中面临的诸多框架定型，路径依赖存在自我强化和锁定两种效应，正是这两种效应把制度的变迁约束在既有的路径之中。制度变迁学派认为制度的选择会受到过去决定的影响，这种情况有两种表现形式。

第一，状态依存式的路径依赖，即一种制度出现后会随着时代的发展不断自我优化，形成一种良性的发展循环，而其他类型的制度，即便拥有更加优良的品质，但因为进入系统时间相对较晚而陷入一种发展的困境，甚至被锁定在一种无效的状态，最终陷入恶性循环，难以取得进一步发展。

第二，依存式的路径依赖。这种路径依赖主要体现在行为主体的发展轨迹上，即行为主体因自身获得肯定或奖励而不断提升自身生产或创造的积极性。相反，受到惩罚的行为主体则可能被锁定在无效的行为规则之中，最终形成恶性循环。

演化经济学派认为路径依赖指的是在经济运行过程中，一种模式或运行机制一旦走上某条路径，经济演化的既定方向就会在之后的时间不断自我强化。

虽然学者们从不同领域研究路径依赖的概念取得了不同的研究成果，但是在研究过程中，学者们关于路径依赖的概念也形成了一些共识。首先，路径依赖既表现为一种状态，同时又表现为一种过程。事物会因为路径依赖而被锁定在一定的结构或路径中，呈现一种有效、低效或无效的状态。路径依赖也是一个非线性的不确定的过程，即路径依赖的形成及演变会受到一些不确定因素的影响。

其次，早期的偶然性、突发性事件会对系统的发展轨迹产生重要的影响。路径依赖理论认为系统的发展对于初始条件十分敏感，在系统发展的早期，随机发生的小事件会对系统发展的路径与系统的发展方向产生重大的影响。

最后，在制度变迁层面，路径依赖理论强调人的主观作用。诺斯认为，由于制度变迁比技术演进更为复杂，所以行为者的观念以及由此而形成的主观抉择在制度变迁中起着更为关键的作用。不同历史条件下形成的行为者的不同的主观抉择，是各种制度模式存在差异的重要因素。

二、路径依赖理论与当代马克思主义大众化

（一）当代马克思主义大众化过程中的路径依赖

路径依赖是一种普遍的现象，路径依赖理论可以适用于多个领域，任何一个系统中都可能存在路径依赖的现象。马克思主义大众化本身就是一个庞大而复杂的系统，且经过了长期的发展，同样也存在路径依赖的现象。

根据路径依赖理论，我国当代马克思主义大众化传播路径探索中的路径依赖的效果呈现主要分为以下两种。

第一种是良性循环的效果，即路径依赖促使系统不断优化，产生新的发展。这种良性循环又可以具体分为两种情况。

其一，状态依赖式，即在马克思主义大众化的过程中，其理念与传播路径被广大的人民群众所接受，这使得其在进入马克思主义大众化这一系统后不断实现自我的优化与发展，成为人们接受当代中国马克思主义理论的特定路径，以后再接触当代中国马克思主义理论时会自觉地进入到这一特定路径中，从而被顺利接受；另外，过去推进当代中国马克思主义大众化所运用的路径至今依然在发挥作用，并已经发展成为当代

中国马克思主义大众化的特定而且有效的路径，一接触到当代中国马克思主义理论时，就会将其划拨到已形成的特定路径中，进而使其继续发挥作用。

其二，行为依赖式，这种良性循环的方式指的是在当代中国马克思主义大众化过程中，人民群众在马克思主义大众化传播的历史进程中已经形成了特定的接收、认知、掌握当代中国马克思主义理论的特定认识路径，并在这一特殊路径运用于实践的过程中收到良好的效果，从而自觉地强化这一认知路径，使其形成良性循环效果。

第二种是恶性循环的效果呈现，即路径依赖对于马克思主义大众化进程起到了一定的阻碍作用，使得马克思主义大众化系统在传播路径方面呈现出低效或无效的状态。恶性循环同样也可以分为两种情况。

其一，在马克思主义大众化过程中已经形成的当代中国马克思主义大众化路径已成为该系统的特定路径，但是呈现为一种低效或无效的状态，在其之后提出来的一系列当代中国马克思主义大众化路径可能具有更为优良的品质，但是由于自身进入系统的时间相对较晚，因此，难以撼动特定路径的固有地位，所以不能充分发挥自身应有的作用，甚至形同虚设，形成恶性循环的结果。

其二，人民群众将已形成或当前形成的特定认知路径中所接受、掌握的当代中国马克思主义理论运用到实践活动中后，并没有收到良好的效果，使广大人民群众陷入无效认知行为的境地，这种负反馈造成马克思主义大众化路径的恶性循环。

路径依赖理论强调路径在系统中的重要性，因此，以路径依赖理论为基础分析当代马克思主义大众化，能够为马克思主义大众化传播路径的研究提供较多的帮助。

（二）路径依赖理论对于当代马克思主义大众化的启示

将路径依赖理论作为研究当代马克思主义大众化的理论基础，是为了优化当代马克思主义大众化的传播路径，促进当代马克思主义大众化工作的良性展开。路径依赖理论对于推进当代马克思主义大众化主要有以下几方面的启示。

1. 继承和发展有效路径

路径的有效性是路径依赖理论中实现良性发展的必要条件。当代马克思主义大众化的传播主题应该继承和发展有效的路径，认清哪些路径是有效的，分析其产生效用的原因，充分利用已经形成的有效的传播路径，并根据其特点进一步优化该路径，使其在当代马克思主义大众化传播的过程中能够发挥更好的效果。

我国马克思主义大众化是非常成功的，中国共产党以马克思主义理论为指导，在充分分析中国发展实践，科学研判国内国际局势的基础上，不断丰富和发展马克思主义理论体系，使之能够适应中国的发展实际，符合广大人民群众的利益需求。同时，党带领广大人民群众开辟多条推进马克思主义大众化的渠道，帮助人民群众能够更好地学习、掌握和运用马克思主义理论。

习近平新时代中国特色社会主义思想是马克思主义中国化的最新成果，是全党全军全国各族人民为实现中华民族伟大复兴而奋斗的行动指南，是党和国家必须长期坚持的指导思想。当然，马克思主义大众化的推进不仅要求马克思主义理论体系的内容保持先进性，还需要有效的马克思主义大众化传播路径。新时代推进马克思主义大众化的过程中，要继承以往效果良好的马克思主义大众化传播路径与传播模式，同时赋予其时代特色，用新的技术、新的理念去丰富马克思主义大众化传播路径，使其在新时代能够产生更好的马克思主义大众化传播效果。

2. 改善或取消无效路径

新时代推进马克思主义大众化，不仅需要继承和发展有效的马克思主义大众化传播路径，还要明确辨别并改善或者取消当代马克思主义大众化系统中的无效路径以及群众的无效认知行为规则。

笔者在前文中曾提到，路径依赖对于马克思主义大众化进程可能会产生一定的阻碍作用,且某些无效路径由于其进入马克思主义大众化系统的时间相对较早,因此具有较强的排他性,对后续原本具有良好品质的马克思主义大众化路径产生较大的阻碍,阻碍马克思主义大众化传播的良性发展。因此,在马克思主义大众化传播的过程中,必须极力明确辨别并改善或取消当代马克思主义大众化系统中的无效路径以及群众的无效认知行为规则,保证当代马克思主义大众化的良性发展。

3.科学创建新的路径

新时代推进马克思主义大众化,不仅需要继承和发展马克思主义大众化有效路径,改善或取消马克思主义大众化无效路径,还需要马克思主义大众化传播主体明晰特定的路径方向,立足实践发展,科学分析当代马克思主义大众化过程中特定路径和人民群众特定认知路径的特点和条件,制造条件和机会创造新的马克思主义大众化传播路径。

第四节 社会互动理论

一、社会互动理论概述

(一)社会性是人的本质属性

人类是一种社会化的动物,马克思主义理论也认为社会性是人的本质属性。人的社会属性是人与周围的事物发生关系时,表现出来的独有的特性。人与社会是不可分割的,社会的基本组成单元是人,人的生存与发展也离不开社会,任何人都是生活在一定社会环境之中的。人的社会性主要体现在以下两个方面。

第一,人类具有劳动创造性,人类的劳动创造性集中表现在人类认识自然和改造自然的过程之中,人的劳动创造性是人与动物不同的社会属性,是人在与周围事物发生关系时所表现出来的一种独有的特性。动物只能利用自然界中现成的东西,能够在一定程度上改变自然,却不能创造出自然界中没有的东西。而人则不同,人能够有目的性地去改造自然,按照自己的需要创造出自然界所没有的事物,而这一过程主要是通过劳动来完成的,这也是人与动物最本质的区别。

第二,人类具有目的意识性。人类改造自然的实践是有目的、有意识的。人与周围事物发生关系时,也表现出来一种目的意识性,人们在认识世界时,不仅能认识到事物的表面现象,而且能透过现象,认识到事物的内在本质,把握事物的内在规律。由于动物没有意识,所以它们只是凭着感觉和本能进行活动,没有明确的目的性,这就是人与动物的重要区别之一。正是因为人们具有意识,能够认识到事物存在和发展的这种内在规律,因此,人们在开展实践时,就会具有明确的目的。

综上所述,人的社会属性是人与周围事物发生关系时,表现出来的人类独有的特性。人的社会属性是人和动物的本质区别,是人的本质属性。社会互动理论也正是在重视人的社会属性的基础上对人的社会关系与社会行为展开研究的。

在马克思主义大众化的过程中,无论是马克思主义大众化传播,还是人民群众利用马克思主义理论指导实践,都是具有鲜明的目的意识性的实践过程,因此,推进马克思主义大众化,必须对人的社会性有一个全面且深入的认识。

(二)社会互动理论的内涵

社会互动也称社会相互作用或社会交往,它是社会学的基本分析单位,重点关注人与人、人与群体以及群体之间的相互关系、行为方式与行为过程。社会互动理论认为,在社会运行的过程中,个体能够主动意识到自身的行为对别人产生的影响,同时他人的期望与意志也会对个体自身的大多数行为产生重要的影响。这一过程中,从互动的行为主体方面主要有人际互动和群体互动两种形式，但从互动的性质角度来说主要分为交换、合作、冲突、竞争和强制等互动形式。社会互动理论的研究成果较多，基本的观点主要有以下几种。

1. 符号相互作用理论

美国社会学家米德是符号相互作用理论的代表人物，他认为人们所处的社会是一个互动的群体，人类心智、社会自我和社会结构的产生源于个体与社会的紧密互动。他认为人类具有"扮演他人角色"的能力，即人们往往是从他人的反应中认识自己，他人的评价往往决定了对自我的评价。在社会互动的过程中，符号、形象、意义等充当双向沟通、交流的桥梁，社会互动不是一种符号或信息的单向传达，而是不同主体之间的相互作用与相互影响。符号相互作用理论强调人类主体性的理论前提、关注个体间互动行为的经验研究取向。

2. 角色理论

社会互动理论中的角色理论是符号相互作用理论一个分支理论体系，它是关于人的态度与行为怎样为其在社会中的角色地位及社会角色期望所影响的社会心理学理论，该理论的核心是阐释社会关系对于人的行为具有重要的影响。

角色理论的基本观点是：社会就像是一个舞台，全体社会成员在这个舞台上扮演着属于自己的不同角色，社会互动的过程就是社会成员表演的过程，社会成员通过不同的社会行为塑造自己的形象，并更好地表达自己的目的，而角色之间的关系则对社会成员的行为具有重要的影响。由于角色理论的概念体系本身接近真实生活，因而具有良好的解释能力，因此受到以社会学为代表的多个研究领域的青睐。

3. 社会交换理论

社会交换理论研究的重点是社会交往中的报酬和代价。在社会交往中，个体经常会处在一种权衡利弊得失的过程之中，个体对于自身在社会交往中得到的报酬和所付出的代价是有一个衡量标准的。虽然人们不会去将自身得到的报酬与付出的代价进行精细的量化，但是对于在具体的社会互动中自己得到的多还是失去的多，人们是非常关心的，体现为一种自主的、整体的判断。

社会交换理论体现在具体的社会互动中，就是社会不同主体之间的相互作用，从本质上来说就是一种交换关系所决定的交换过程。其中，个人的利益是人们开展交换活动的普遍动机。

二、社会互动理论与当代马克思主义大众化

（一）社会互动理论研究对于马克思主义大众化的意义

研究社会互动理论，对当代中国马克思主义大众化路径研究作用极大。一方面，互动是一种最基本、最普遍的日常生活现象，当代中国马克思主义大众化的过程，实际上就是发展的互动过程，必须遵循互动理论的一些基本原则，对社会互动理论的研究，有助于寻找更加科学有效的马克思主义大众化路径。另一方面，经济社会的高速发展，让人民群众的主人翁意识大大增强，通过互动的方式方法开展马克思主义理论教育和传播工作，能够起到事半功倍的效果。

从社会学的角度来看，当代中国马克思主义大众化从本质上来说也是一种社会互动行为，因为当代中国马克思主义大众化的目的不仅仅是将马克思主义的基本理论传递给人民群众，而是构建一个完整、科学的信息传递、交流、互动系统，这个系统的运行过程就是将马克思主义理论转换成广大人民群众易于接受、乐于接收的信息符号，并将其按照传播主体所设计的各种途径和方式传递给人民群众。在这一过程中，传播主体不仅需要深入了解人民群众的需求，选择适合的传播方式，还要及时了解人民群众在接收到信息符号后的反馈情况，在这种传播者与受传者互动的过程中推进当代中国马克思主义大众化的进程。

从动态发展的角度来看，在当代中国马克思主义大众化的过程中，社会互动无处不在、无时不有，可以说，社会互动蕴含在当代中国马克

思主义大众化动态发展的每一个环节之中。因此，为了更好地推进当代马克思主义大众化发展，就需要以社会互动理论为基础，从社会互动的角度对大众化的路径进行全面、深入的研究。

（二）社会互动理论推动当代马克思主义大众化发展

1. 重视互动的作用

社会互动发生的基本条件是有两个或两个以上的社会主体，可以是人与人之间，也可以是人与群体之间、群体与群体之间，个体是不能单独开展社会互动的。具体到当代中国马克思主义大众化的过程中，传播主体必须认识到，作为一种社会互动活动，当代马克思主义大众化并非某一个人或某一个群体的事情，而是传播主体与广大人民群众之间的事情，是广大人民群众整体的事情。这里所说的传播主体与人民群众，在当代中国马克思主义大众化的具体环节或具体阶段之中，既可以是单独的个体，也可以是群体。

从整体来看，无论是传播主体还是人民群众，作为社会互动的重要组成群体，二者都不能缺席当代中国马克思主义大众化的实践。从局部来看，无论是传播主体还是人民群众，作为个体都不能缺席当代中国马克思主义大众化过程中的各个环节与各个阶段。

在当代中国马克思主义大众化过程中，互动不仅体现在传播主体与人民群众之间，还体现在两个群体的内部，即传播主体之间，以及人民群众之间同样发生着互动，这种互动同样是当代中国马克思主义大众化的重要组成部分。

2. 关注互动的条件

在当代中国马克思主义大众化的过程中，不仅需要关注互动本身，还需要重视互动的条件，因为从社会互动理论的角度来看，并非任何两个主体的接近都能形成社会互动，只有主体之间具有依赖性行为才能形成社会互动，所谓依赖性行为，指的就是主体之间形成一种有效的沟通与交流状态，这种沟通与交流不仅限于语言，可以包括任何互动符号。

第二章 当代马克思主义大众化传播路径研究的理论基础

当代中国马克思主义大众化需要重视这些互动发生的条件,并尽一切可能创造条件去促进互动更好地展开,从而进一步提升当代中国马克思主义大众化的传播效果。

3. 科学运用媒介

媒介是社会互动的重要组成要素之一,社会互动不仅需要有两个或两个以上的社会主体在特定的条件中形成,同时还需要凭借一定的媒介,如文字、图画、语音及其他不种类型的符号。当代中国马克思主义大众化作为一种社会互动的过程,同样需要凭借一定的媒介才能开展。

由于媒介是沟通社会互动双方所必须的条件,因此,媒介的选择以及搭配运用对于社会互动的效果具有十分显著的影响。在当代中国马克思主义大众化中,社会互动的媒介需要满足传播主体与受众的需求,同时能够高效传递当代中国马克思主义理论。在当代中国马克思主义大众化过程中如何科学选择和运用社会互动的媒介,需要从以下三个方面着手。

首先,要以马克思主义认识论为指导,科学认识大众化过程中不同主体的需要,明确广大人民群众的认知规律,选择最能满足传受双方的媒介方式,以实现良好的传播效果。

其次,在当代中国马克思主义大众化的过程中,需要涉及多种媒介,不同传播阶段或传播环节的媒介方式各有不同,因此,要明确当代中国马克思主义大众化在不同环节的主要任务和运作方式,从贴合的维度出发选择最准确有效的媒介方式。

最后,要以路径依赖理论为基础,重视路径在系统中的重要性,选择马克思主义大众化过程中人民群众最熟知和最乐于接受的媒介方式。

第三章 中国马克思主义大众化的发展

第一节　中国马克思主义大众化的推进历程

一、曲折发展：新民主主义革命时期的马克思主义大众化

（一）马克思主义大众化的开端（1918—1921年）

早在19世纪末20世纪初，马克思主义相关理念就已经出现在中国的报纸、杂志上。1899年4月，《万国公报》刊登了《大同学》一文，该文首次提到了马克思的名字。1902年以后，梁启超、马君武先后在发表的文章中简单介绍了马克思及其理论主张。朱执信在《民报》上发表了《德意志社会革命家列传》一文，较为详细地介绍了马克思、恩格斯的生平及其学说。可以说，马克思主义在这一时期已经开始在中国传播，但是，这种传播呈现为一种零散的状态，无论从地域还是接收人群来看，都是一种局部的传播。

1917年十月革命的爆发对中国产生了前所未有的影响，十月革命的一声炮响，为中国带来了马克思列宁主义，中国马克思主义大众化的步伐正式开始迈进。伴随着十月革命的胜利，李大钊、陈独秀、毛泽东等一批中国先进知识分子开始认识到马克思主义的巨大价值。其中，李大钊是中国的第一位马克思主义者，他对中国马克思主义发展的贡献主要包括两方面：第一，他是第一个在中国系统传播马克思主义理论的人，极大地推动了马克思主义在中国的传播和发展；第二，他从理论层面探索了马克思主义在中国的具体应用，将马克思主义理论与中国的实际进行结合，为国家和民族探寻一条新的发展道路。

李大钊传播马克思主义的具体方式包括在《新青年》《每周评论》等杂志上积极宣传俄国的十月革命，相继发表了《法俄革命之比较观》《庶民的胜利》《布尔什维主义的胜利》《马克思主义历史哲学》《马克思主义的经济学说》等一系列介绍和宣传马克思主义的重要文章。李大钊还组织了马克思学说研究会，团结一些进步青年学习、研究马克思主义和俄国革命。《新青年》等杂志逐渐成为马克思主义理论传播的重要平台，中国先进的知识分子群体开始用马克思主义理论审视中国的命运，探寻中国前进的道路。

中国先进知识分子在选择马克思主义作为指导思想之初就已经开始了马克思主义大众化的努力，他们以报刊、高校为阵地，使更多的人接受新思想的洗礼。通过他们的积极宣传，马克思主义的影响逐渐扩大，更多的人开始了解马克思主义、接受马克思主义。

社会团体组织在马克思主义大众化的早期发展中发挥了巨大的作用，这些社团组织培育了大量的马克思主义者，其中，最早出现的马克思主义大众化的社团是"少年中国学会"，影响最大的马克思主义大众化的社团是"新民学会"。李大钊是"少年中国学会"的主要创始人之一，"新民学会"的主要发起人是毛泽东和蔡和森。这些社团组织的成立和发展加速了马克思主义在中国的传播。

从 19 世纪末至中国共产党成立，这一时期是马克思主义大众化的初级阶段，马克思主义已经开始在中国传播，但是，这一时期的马克思主义大众化更多展现出一种"精英化"的色彩，马克思主义理论主要在知识分子群体之间传播，大众化程度相对较低。

（二）马克思主义大众化的展开（1921—1949 年）

1919 年五四运动的爆发，标志着新民主主义革命的开始。五四运动不仅使工人阶级开始走上历史舞台，而且在很大程度上促进了马克思主义在中国的广泛传播，对中国共产党的建立和发展起到了重要的作用。1921 年，中国共产党诞生，中国革命的面貌焕然一新。

中国共产党的成立是马克思主义大众化在这一时期最为重要的实践成果。中国共产党也是马克思主义大众化进一步发展的强有力的推进主体。自中国共产党成立至中华人民共和国成立，新民主主义革命时期的马克思主义大众化以主要任务与内容为依据，可分为五个阶段。新民主主义革命时期马克思主义大众化的发展如图3-1所示。

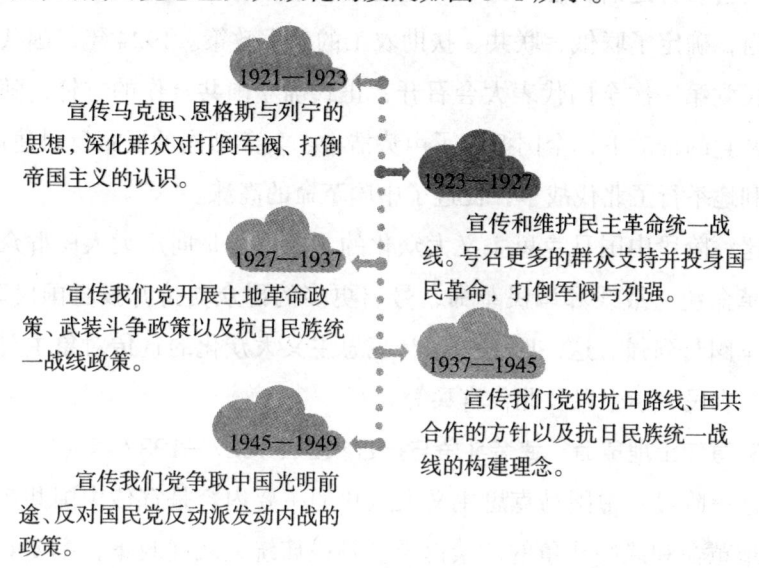

1921—1923
宣传马克思、恩格斯与列宁的思想，深化群众对打倒军阀、打倒帝国主义的认识。

1923—1927
宣传和维护民主革命统一战线。号召更多的群众支持并投身国民革命，打倒军阀与列强。

1927—1937
宣传我们党开展土地革命政策、武装斗争政策以及抗日民族统一战线政策。

1937—1945
宣传我们党的抗日路线、国共合作的方针以及抗日民族统一战线的构建理念。

1945—1949
宣传我们党争取中国光明前途、反对国民党反动派发动内战的政策。

图 3-1　新民主主义革命时期马克思主义大众化的发展

1. 宣传马列思想（1921—1923年）

从1921年中国共产党成立至1923年中国共产党第三次全国代表大会召开之前，马克思主义大众化的主要内容是以马克思、恩格斯和列宁的革命思想、阶级斗争、无产阶级政党等理论的宣传为主，宣传的主要对象是工人和农民，主要任务是深化群众对打倒军阀、打倒帝国主义的认识。

毛泽东、彭湃等人重视对广大人民群众进行马克思主义理论教育，他们深入农村进行调查研究，用中国农民易于接受、乐于接受的方式开展马克思主义大众化，向农民宣传马克思主义的基本理念。中国共产党人还重视对工人阶级开展马克思主义思想的宣传，将广大的工人团结在一起，让更多的群众投身革命洪流。

2. 宣传和维护民主革命统一战线（1923—1927年）

1923年，中国共产党第三次全国代表大会召开，大会上决定同孙中山领导的中国国民党合作，建立革命统一战线。中国共产党第三次全国代表大会召开之后，在中国共产党的推动下，孙中山先生对国民党进行了改组，确定了联俄、联共、扶助农工的三大政策。1924年，国共合作的国民党第一次全国代表大会召开，正式确立国共合作的方针，随即在国共两党的推动下，全国掀起了声势浩大、轰轰烈烈的反帝反封建运动，并胜利地举行了北伐战争，促进了中国革命的高涨。

这一阶段中国马克思主义大众化的主要内容是向广大人民群众宣传民主革命统一战线和国民革命，号召更多的群众支持并投身国民革命，打倒军阀与列强。这一时期中国马克思主义大众化的宣传对象主要包括工人、农民、学生以及北伐官兵等。

3. 宣传土地革命、武装斗争与抗日救亡（1927—1937年）

这一阶段，中国马克思主义大众化的主要内容是宣传中国共产党开展土地革命和武装斗争的政策以及抗日民族统一战线政策，主要对象是工人、农民、红军官兵，主要任务是鼓动人民群众投身土地革命、武装斗争和抗日救亡运动。

1927年，先后爆发的四一二政变与七一五政变，标志着第一次国共合作完全破裂，大革命失败，大批共产党员和革命群众遭到国民党反动派的残酷镇压和大肆屠杀，中国革命面临着巨大的危机。

1927年8月7日，中共中央在汉口召开紧急会议。为了给正处于迷惘和混乱中的革命大众寻找出路，毛泽东在这次会议上第一次明确提出"枪杆子里面出政权"的著名论断，来论述武装斗争的重要性和必要性。1929年6月，中国共产党第六届中央委员会第二次全体会议召开，大会上明确了宣传教育工作的重要性，将其作为党的基本工作之一，这是我党在马克思主义大众化过程中迈出的重要一步。

1929年的古田会议纠正了党内错误思想，明确了加强党的思想建设的重要性。毛泽东重视把马克思主义从哲学家的思维里解放出来，认为要将马克思主义理论变为群众的语言和群众的行动，使广大的人民群众能够形象、方便地理解马克思主义，要使马克思主义大众化的路径符合中国的实际情况。1934年到1936年的红军长征，被毛泽东誉为"宣言书""宣传队""播种机"，红军在长征途中灵活运用各种途径宣传马克思主义思想，传播马克思主义的理想信念，沿途播下革命的种子。随着长征的胜利结束，中国的马克思主义大众化也达到了前所未有的高潮。

"九一八"事变爆发以后，日本帝国主义对中国的侵略使民族矛盾逐渐上升为我国的主要矛盾。中国共产党站在民族独立的高度，将马克思主义与中国面临的危机相结合，积极宣传抗日思想，号召广大的人民群众投身抗日救亡运动当中。

4. 调动一切因素全面抗战（1937—1945年）

1937年到1945年，中国马克思主义大众化的主要内容是宣传中国共产党的抗日路线、国共合作的方针以及抗日民族统一战线的构建理念，并逐步确立了毛泽东思想在马克思主义大众化中的重要地位。在这一时期，中国马克思主义大众化的对象是全党、全军和全国各族人民，主要任务是调动一切积极因素进行全面抗战。在这一阶段，马克思主义大众化逐渐系统化和理论化，马克思主义大众化传播的范围也扩展到了空前的规模。

5. 解放全中国（1945—1949年）

经过十四年漫长的斗争，中国人民最终取得了抗日战争的胜利，但新民主主义革命的历史任务还未完成，中国该何去何从，成了全党和全国人民面临的核心问题。

随着解放战争的推进，这一时期马克思主义大众化的主要内容逐渐转向宣传中国共产党争取中国光明前途、反对国民党反动派发动内战的政策。这一时期马克思主义大众化的主要对象是广大党员和解放区军民，主要任务是团结全国各族人民为争取社会主义前途而斗争，主要方式是报刊、广播、电影、戏剧等。我党充分利用多种途径，使广大的人民群众了解马克思主义和中国共产党的主张，动员广大的人民群众投身到赢取民族独立和人民解放的事业中来。

二、探索丰富：新中国成立至改革开放前的马克思主义大众化

（一）巩固新生政权（1949—1956年）

中华人民共和国的成立，结束了一百多年来被侵略被奴役的屈辱历史，标志着中国真正成为独立自主的国家，同时也标志着中国新民主主义革命取得胜利，中国历史进入了新纪元。

中华人民共和国成立后，中国社会依然存在着社会需要全面转型、社会关系复杂等问题，把马克思列宁主义、毛泽东思想大众化，用马克思列宁主义、毛泽东思想教育大众，成为动员一切社会力量共同建设社会主义国家的必然趋势。这一阶段，社会主义改造基本完成，社会主义制度在中国建立起来，马克思主义大众化的主要内容是向广大人民群众宣传社会主义与集体主义的基本内容、土地改革政策、经济政策等，基本任务是将马克思主义与中国经济社会发展充分结合，改造人们的思想意识，为巩固和发展新生政权、恢复和发展国民经济、进行社会主义改造运动奠定群众基础。也正是在这一阶段，中国共产党建立了马克思主义宣传教育体系，充分运用多种传播媒介向全国人民宣传马克思列宁主义与毛泽东思想。

（二）探索发展道路（1956—1978年）

1956年到1978年，是中国社会主义建设的探索阶段。中国共产党带领全国人民克服一个个困难，在马克思主义理论的指导下，以坚韧不拔的意志和自强不息的精神开展社会主义道路建设的探索。在这一时期，中国的马克思主义大众化同样在坎坷中不断发展，中国共产党在将马克思主义理论与中国探索实践结合的过程中不断推进马克思主义大众化的发展，探索符合中国实际的发展道路。

这一时期，中国马克思主义大众化的主要任务是让广大的人民群众

理解和掌握马克思列宁主义与毛泽东思想的基本原理与方法论，并用以认识和改造世界，指导具体实践的开展。

三、完善创新：改革开放以来的马克思主义大众化

（一）马克思主义的全面开拓（1978—1992年）

十一届三中全会以来，马克思主义大众化逐步走上了正确的发展轨道。1978年到1982年，党开始全面拨乱反正，这一阶段马克思主义大众化的主要成就是通过对真理标准问题的大讨论，破除了人民大众对马克思主义理论体系的教条式理解，让广大的人民群众了解什么是真正的马克思主义。

邓小平重视人民群众的思想解放，恢复马克思主义实事求是的基本路线与基本立场，确立了解放思想、实事求是的思想路线，标志着中国从此开启了一个崭新的改革开放新时期。与此相对应，马克思主义大众化也进入了一个新的发展阶段。

1982年9月召开的中国共产党第十二次全国代表大会明确提出把马克思主义基本原理同中国的具体实际相结合，走自己的路，建设有中国特色的社会主义。邓小平关于马克思主义的一系列重要论断，如"贫穷不是社会主义""革命是解放生产力，改革也是解放生产力""发展才是硬道理"等，既包含深刻的思想，又容易被广大人民群众理解和接受。邓小平的相关理论在很大程度上丰富和发展了马克思主义，能够有效指导人民群众在新的历史时期开展实践。

在这一时期，中国共产党既重视让人民大众在改革开放的实践中学习、体验和运用中国特色社会主义理论，又重视用科学理论武装和教育人民。1983年至1992年，马克思主义大众化的主要内容是学习建设中国特色社会主义理论。从思想领域中的拨乱反正，到实事求是思想路线的重新确立，再到中国特色社会主义理论的形成，当代中国的马克思主义大众化实现全面开拓。

（二）马克思主义大众化的持续发展（1992—2012 年）

从 1992 年到 2002 年，马克思主义大众化的主要内容是学习邓小平理论和邓小平的南方谈话精神，主要是让人民群众理解什么是真正的社会主义，坚定社会主义理想和马克思主义信仰。

1992 年，中国共产党第十四次全国代表大会确立了邓小平同志建设有中国特色社会主义理论在全党的指导地位。1995 年 5 月，中共中央宣传部批准印发《邓小平同志建设有中国特色社会主义理论学习纲要》，对于巩固邓小平理论的指导地位，坚持马克思主义在意识形态领域中的主导地位，继续推进马克思主义大众化具有重要作用。

迈入新世纪，在中国共产党的带领下，我国经济进入高速发展阶段。随着"三个代表"重要思想和科学发展观的提出，中国特色社会主义理论体系不断完善和发展，马克思主义理论也在与中国实践相结合的过程中得到不断丰富。

2002 年至 2012 年，中国马克思主义大众化的主要任务就是宣传中国特色社会主义理论体系，让人民群众掌握马克思主义中国化的最新成果，用发展着的马克思主义指导新的实践，带领广大人民群众努力搞好经济建设，以人为本，实现全面、协调、可持续的发展，逐步提升综合国力。

（三）马克思主义大众化的创新深化（2012 年至今）

2012 年 11 月 8 日，中国共产党第十八次全国代表大会在北京召开，大会选举了新一届的中央领导集体，大会强调了坚持科学发展观的重要性、制定了坚持走中国特色社会主义政治发展道路和推进政治体制改革前进方向、提出了全面建成小康社会目标、回答了坚定不移走中国特色社会主义道路政策立场。

随着 2017 年中国共产党第十九次全国代表大会的胜利召开，中国特色社会主义建设迈入新时代。新时代，国际环境与实践条件有了新的变化，中国处于近代以来最好的发展时期，世界处于百年未有之大变局，两者交织、相互激荡。习近平新时代中国特色社会主义思想的提出，为新时代中国特色社会主义建设指明了方向。

新时代马克思主义大众化的目标就是宣传习近平新时代中国特色社会主义思想，使广大人民群众紧密团结在以习近平同志为核心的党中央周围，踔厉奋发、勇毅前行，为建成富强民主文明和谐美丽的社会主义现代化强国，实现中华民族伟大复兴而奋斗。

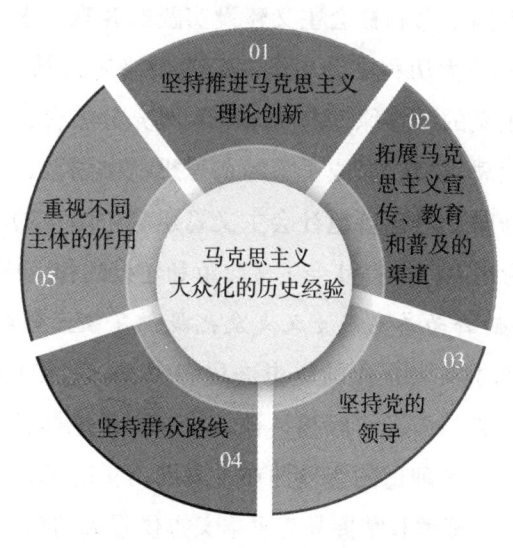

第二节　马克思主义大众化的历史经验

中国共产党自成立之初就十分重视马克思主义大众化的工作，无论是在革命战争时期还是在建设发展时期，党始终密切联系群众，坚持推进马克思主义大众化，在这一过程中，党积累了丰富的经验，能够为新时代马克思主义大众化的推进提供参考。马克思主义大众化的历史经验如图 3-2 所示。

图 3-2　马克思主义大众化的历史经验

一、坚持推进马克思主义理论创新

（一）坚持理论创新是马克思主义理论品质与中国发展实践的要求

理论创新就是与时俱进，根据具体实践不断丰富和完善马克思主义理论体系。与时俱进是马克思主义重要的理论品质，这种理论品质使马克思主义不断显示出革命性、科学性和强大的生命力。一部马克思主义发展史，就是马克思主义在指导革命和建设的实践过程中不断以新的经验、新的理论丰富自己的历史。

马克思主义不是一成不变的教条。自马克思主义传入中国以来，一百余年的时间里，党和国家在不同历史时期的主要任务各有不同。正是由于马克思主义具有与时俱进的优良品质，才能在不同的历史阶段科学指导我国的革命与建设。马克思主义之所以具有强大的生命力，就在于它能够在实践中不断创新。马克思主义的每一次突破，我国革命、改革和建设的每一次历史性飞跃，都是马克思主义基本原理与中国具体实践相结合进行理论创新的成果。

推进理论创新，实现马克思主义中国化，既是马克思主义理论的本质要求，也是中国革命和社会主义建设实践的客观要求。在中国革命和社会主义建设的伟大历程中，中国共产党始终坚持马克思主义的指导，同时将马克思主义的基本原理与中国的实践充分结合，在继承的基础上发展创新了马克思主义，形成了毛泽东思想、中国特色社会主义理论体系以及习近平新时代中国特色社会主义思想等中国化的马克思主义理论成果，并以此为指导，取得社会主义改革和建设的伟大成就。

（二）理论创新为马克思主义大众化提供了强大的动力

中国马克思主义大众化的历史进程表明，只有坚持推进理论创新，坚持将马克思主义与中国实际相结合，才能真正把握马克思主义的科学内涵，使马克思主义理论的真理性在不同的历史时期得以彰显，为广大的人民群众学习、理解和掌握马克思主义提供强大的精神动力。

理论创新本质上是马克思主义中国化的过程，是将马克思主义基本原理与中国实际相结合的产物，我党在不同的历史时期立足实践，坚持马克思主义的指导，创造性地将马克思主义基本原理同中国的革命、改革与建设实践相结合，形成了一系列马克思主义中国化理论成果。这些马克思主义中国化的理论成果科学地回答了不同历史时期中国革命和建设所面临的具体问题，明确了党和人民的主要任务，使马克思主义真理性在中国革命和建设的实践中得以不断彰显，由于其真理性是以中国的发展实际为基础的，是从实践中总结形成的，因此，很容易被广大的人民群众理解和接受，从而有力地推进了马克思主义大众化。

促进马克思主义中国化，推动马克思主义理论创新的过程也是赋予马克思主义民族性、时代性与实践性的过程，马克思主义产生于欧洲，早期的马克思主义理论大多是基于欧洲的发展实践而形成的。若想使马克思主义更好地指导中国实践，被广大的中国人民更好地接受、理解和掌握，就必须实现马克思主义的基本原理同中华民族的具体实际有机结合，使马克思主义具有鲜明的时代特色，能够指导中国实践的开展。

二、拓展马克思主义宣传、教育和普及的渠道

（一）重视理论灌输的基础性作用

理论灌输是马克思主义理论体系的重要组成部分，同时也是马克思主义大众化的重要途径。列宁在充分研究俄国工人运动实际的前提下提出了系统化的灌输理论，列宁认为单纯的工人运动是无法自主产生系统的科学社会主义理论的，这种理论必须由外而内灌输进去。

中国共产党非常重视向工人阶级灌输马克思主义的思想，以实现党内指导思想上的统一，在长期的革命、建设和改革历程中，党非常重视利用不同的渠道宣传马克思主义及其中国化的理论成果，以保证人民群众能够形成正确的世界观、人生观和价值观，并且能够在科学理论的指导下开展实践，为革命、改革和建设的推进提供思想保证。

纵观我国马克思主义大众化的发展历程，可以发现，马克思主义大众化的基本渠道就是通过多渠道的宣传、教育活动，将马克思主义及其中国化的理论成果灌输给人民群众。

（二）多渠道开展马克思主义的宣传、教育和普及

中国马克思主义大众化的经验表明，若想提升马克思主义大众化的实际效果，就必须拓展马克思主义的宣传、教育和普及活动的渠道，包括理论工作、新闻宣传工作、思想教育工作和文艺工作等。

理论工作的主要任务是对马克思主义理论及其中国化成果进行深入研究，对经济社会发展中面临的问题进行应用性研究，用马克思主义理论教育全党全国人民，做好党的方针路线的宣传工作等。理论工作主要包括理论研究、理论教育和理论宣传等。

新闻媒体是马克思主义大众化传播的主阵地，是人们获取信息和交流思想的主要渠道。马克思主义大众化作为一种思想传播的过程，必须重视新闻媒体的巨大作用，充分利用新闻媒体的传播功能，使马克思主义能够高效传播到广大人民群众之中。新时代，以网络为代表的新的传播媒体如雨后春笋般涌现，马克思主义大众化传播自然也需要与时俱进，不断丰富传播渠道，充分发挥网络传播的优势，在新时代推进马克思主义大众化更好发展。

以思想政治教育为核心的思想政治工作是推进马克思主义大众化的主渠道，无论是革命年代还是社会主义建设时期，我党都能通过扎实有效的思想政治工作，使马克思主义中国化理论成果赢得人民的广泛支持。这既体现了马克思主义理论的科学性与先进性，同时也体现了思想政治工作在马克思主义大众化中的重要作用。

文艺工作也是推进马克思主义大众化的重要渠道，文艺工作的根本任务是满足人民的精神文化需求，通过优秀的作品，弘扬和宣传先进的精神与文化，提升人民群众的思想道德素质，促进社会整体发展。文艺工作在马克思主义大众化中的巨大作用，体现在其是以人民大众喜闻乐

见的方式宣传马克思主义思想的,在形式上更易于被人民群众接受,对于马克思主义大众化传播的促进效果十分显著。

三、坚持党的领导

中国共产党是中国工人阶级的先锋队,同时是中国人民和中华民族的先锋队,是中国特色社会主义事业的领导核心,代表中国先进生产力的发展要求,代表中国先进文化的前进方向,代表中国最广大人民的根本利益。中国共产党是马克思主义理论最为坚定的践行者,是马克思主义大众化最为重要的主体,同时也是马克思主义大众化事业的领导核心。

(一)党的领导为推进马克思主义大众化提供了思想保证

党的领导为推进马克思主义大众化提供了思想保证,这里的思想保证指的是中国共产党始终坚持以马克思主义为指导,同时坚定不移地传播马克思主义思想,加强和坚持党的领导的同时,使马克思主义思想占领群众思想的高地。

思想领导是中国共产党的领导方式之一,指的是用马克思主义及其中国化的理论成果教育全体党员和人民群众,不断提高全国人民的思想觉悟,使全国人民了解、理解党的政策、方针、路线,并自觉地贯彻执行。因此,坚持党的领导,就是坚持马克思主义,坚持党的领导,就是为马克思主义大众化提供了坚强的思想保证。

(二)党的领导为推进马克思主义大众化提供了理论保证

与时俱进是马克思主义理论重要的品质。在坚持马克思主义基本原理的基础上推进理论创新,也是中国共产党始终坚持的事业。理论来源于实践,且对实践具有重要的反作用。

实践的发展离不开科学理论的指导,党在领导人民群众进行革命和建设的过程中,坚持从实践出发,不断将马克思主义的基本原理同中国的具体实际相结合,在实践中总结经验,不断丰富和发展马克思主义理论,以使之能够符合广大人民的利益需求,能够被广大人民群众所接受与掌握，能够科学指导广大人民群众开展社会主义革命与建设的实践。

党在领导全国人民建设社会主义先进文化的过程中积累了丰富的思想文化建设经验，这些经验及其凝聚而成的理论精华是推动中国马克思主义大众化发展的重要保证。

（三）党的领导为推进马克思主义大众化提供了组织保证

组织保证指的是作为马克思主义大众化的主体，中国共产党为推进马克思主义大众化发展而建立了相应的组织机构体系，从主体的组织结构层面为马克思主义大众化提供了保障。

组织领导同样是中国共产党的领导方式之一，其主要内容是充分发挥各级党组织的战斗堡垒作用，以广大党员的先锋模范作用，来带动和影响人民群众，从组织上保证党的纲领和路线。具体到马克思主义大众化中，就是建立相应的组织、机构、规范和传媒体系等，综合利用不同的方法建立稳固的宣传网络，保证思想宣传和教育的广泛性、规范性、科学性，为推进中国马克思主义大众化提供组织保证。

四、坚持群众路线

（一）群众路线是中国共产党的根本工作路线

马克思主义认为，人是实践的主体，历史是由人民群众创造的，人民群众是物质财富与精神财富的创造者。马克思主义的群众观点为我党的群众工作奠定了理论基石，我党在深入理解马克思主义群众路线的基础上，结合中国实践，形成了党的群众路线，即一切为了群众，一切依靠群众，"从群众中来，到群众中去"。

中国共产党代表最广大人民的根本利益，早在建党之初，中国共产党就明确提出，党的任务是为共产主义而奋斗，为中国广大人民的利益而奋斗，党进行革命活动的时候要联系群众、发动群众，开展群众运动。纵观百年宏伟征程，无论是在革命战争极端艰难困苦的环境中，还是在社会主义建设曲折探索的路途中，还是在新时代中国特色社会主义建设的伟大征程中，党始终不忘初心，坚持以人民为中心，在践行群众路线的同时，不断深化对群众路线的认识。

马克思主义大众化，本身就是群众路线的鲜明体现。因为马克思主义理论对实践具有科学的指导作用，马克思主义中国化的成果源于人民群众的实践，且对人民群众实践的开展具有指导作用，因此，向广大的人民群众宣传和普及马克思主义理论，本身就是一个从群众中来到群众中去的过程，是一切依靠群众，一切为了群众的体现。

（二）群众路线是推进马克思主义大众化的根本方法

推进马克思主义大众化的根本方法是在工作中贯彻群众路线，坚持对人民负责的原则和为人民服务的宗旨，在马克思主义大众化的过程中坚持群众路线。马克思主义大众化如何坚持群众路线如图 3-3 所示。

图 3-3　马克思主义大众化如何坚持群众路线

1. 深入群众，广泛开展马克思主义大众化实践

群众路线是党的根本工作路线。马克思主义大众化是党的重要工作之一，推进马克思主义大众化，必须坚持群众路线，这就要求作为大众化主体的共产党必须深入群众，广泛开展马克思主义宣传、教育和普及

活动，倾听群众的声音，了解民众之所需，在实际的调查研究中了解群众真实的思想动态资料，运用马克思主义理论解决人民群众的实际问题。

2. 以人民群众喜闻乐见的形式开展马克思主义大众化

推进马克思主义大众化，方式十分重要，应该以人民群众喜闻乐见的形式开展马克思主义大众化，用通俗化、大众化的语言去讲述马克思主义，用广受群众喜爱的媒介去传播马克思主义，让群众愿意去接受马克思主义理论，容易理解和掌握马克思主义理论，主动运用马克思主义理论去解决实践问题。

3. 坚持为人民服务的宗旨

推进马克思主义大众化，就是要从关心和解决人民群众的实际问题的角度开展马克思主义的宣传、教育和普及活动。关心群众的生活，了解群众的需要，解决群众面临的实际问题，既是党全心全意为人民服务宗旨的体现，同时也是做好马克思主义大众化工作的出发点之一。

4. 相信群众，依靠群众

马克思主义大众化的推进需要相信群众，依靠群众，这是党的群众路线的内在要求。马克思主义大众化的推进，不是一方向另一方的单向信息传输，而是要在传播主体与群众的互动中将马克思主义理论根植于人民群众的思想之中。这一传播过程不仅是由外而内的理论灌输过程，同时也是人民群众自发学习、交流与互动的过程。马克思主义理论体系的丰富和发展也需要依靠人民群众，只有从人民群众的实践中汲取营养，才能保证马克思主义理论始终保持强大的生命力。

五、重视不同主体的作用

（一）做好不同主体的区分

马克思主义大众化是一个实践的过程。人是实践的主体。推进马克思主义大众化，必须首先明确马克思主义大众化的主体构成，明确不同主体之间的关系。正确认识和妥善处理马克思主义大众化过程中不同主体的地位和关系是马克思主义大众化取得良好实效的前提。

认识主体间的关系的前提是做好主体的区分。对主体进行层次化划分，明确不同主体的构成、特点以及在马克思主义大众化中的地位与作用。马克思主义大众化是一个包含领袖人物和杰出人物、学者、普通大众等多主体在内的系统。领袖人物和杰出人物在马克思主义大众化主体中居于最高层次，学者主体处于大众化主体中的中间层次，普通大众虽然在大众化主体中处于最底端的层次但却是最重要的层次，是马克思主义大众化的根本目标和前提。针对不同层次主体，实现不同层次的马克思主义大众化，确立不同层次的大众化目标和任务，才能更有效地实现马克思主义大众化。

（二）重视马克思主义大众化中不同主体的作用

对主体进行明确区分后，科学推进马克思主义大众化还需要重视马克思主义大众化中不同主体的作用。

普通大众既是马克思主义大众化传播的对象，同时也是马克思主义大众化的首要主体。马克思主义大众化就是让广大的人民群众能够科学地认识、接受、掌握和运用马克思主义，只有广大的人民群众能够科学运用马克思主义指导实践的开展，马克思主义大众化才算取得了应有的成效。

在普通大众层次的主体中进行马克思主义大众化，在内容上要注意普及性，要把深奥的、复杂的马克思主义理论转化为通俗易懂、易于被大众迅速接受的语言和观点，让普通大众主动接受、认同和掌握，而不是依靠外在的力量进行强制性灌输。这就需要领袖人物、杰出人物与学者等主体提升自身的主体能力，优化马克思主义大众化的传播路径与方式方法，使马克思主义更具吸引力、说服力和感召力，这样才能使普通大众自愿认可、接受、学习和运用马克思主义，并在实践中不断创新和发展马克思主义。

马克思主义大众化的学者主体指的是专业的马克思主义理论研究与

传播队伍，包括研究学者、教师与其他类型的思想传播人员，他们在马克思主义大众化过程中发挥根本性作用，居于基础性地位，是推进马克思主义大众化的基础力量和中坚力量。他们通过学术研究和思想政治教育等方式研究、创新、传播和发展马克思主义理论，是马克思主义大众化的中坚力量。

领袖人物和杰出人物在马克思主义大众化中发挥关键性作用。他们是人民群众中的一员，同时也是人民群众杰出的代表人物，他们普遍对于马克思主义理论有着深刻的理解，具有高尚的道德情操、坚强的意志品质以及高瞻远瞩的战略眼光，能够在历史的关键时刻作出正确的抉择，进而影响人类社会发展的历史进程。

第四章　当代马克思主义大众化传播的关键点

第一节　马克思主义大众化传播的基本原则

一、坚持理论与实践相结合

（一）理论与实践相结合的科学内涵

"理论联系实际"是对马克思主义普遍真理同革命和建设的具体实践相结合原则的概括表述，是马克思主义的基本原则之一。其基本精神是达到主观和客观、理论和实践、知和行的具体的历史的统一，有着非常重要的意义。理论与实践相结合原则也是全国人民在中国共产党的领导下进行革命、改革、探索和建设的重要理论基础。

毛泽东在《整顿党的作风》的报告中说："中国共产党人只有在他们善于应用马克思列宁主义的立场、观点和方法，善于应用列宁斯大林关于中国革命的学说，进一步地从中国的历史实际和革命实际的认真研究中，在各方面做出合乎中国需要的理论性的创造，才叫做理论和实际相联系。"[1] 毛泽东关于理论联系实际的论述是对理论与实践相结合科学内涵的精确把握，这一表述强调了关于理论与实践相结合内涵的三个关键问题。

（1）全面、精准地把握科学的理论。理论与实践相结合需要共产党人先对于具有方法论意义的科学的理论有一个相对精准、全面的把握。要想做到善于把握科学的理论，首先要坚持从实际出发、从矛盾问题出发。科学的理论是经过实践检验的，对实践具有积极的指导作用，认识

---

[1] 毛泽东：《毛泽东选集：第三卷》，人民出版社1991年版，第820页。

和把握科学的理论，要从实践出发，结合具体的实践来学习、分析与把握理论。其次，需要共产党人以历史唯物主义的视角观察、认识理论，准确理解科学理论的历史意义与当代价值。最后，需要共产党人透过现象看本质、在动态性中把握规律性。科学理论价值性的重要表现之一就是其拥有丰富且深刻的内涵，认识科学的理论，不能停留在理论的表面，而是要通过深入的分析，明晰理论的内在逻辑，从本质上对理论有一个全面的认识和深刻的把握。

（2）正确运用理论指导实践。科学的理论不是一成不变的教条，而是能够灵活运用于不同实践中的行动指南。理论的价值体现在其对于实践的指导作用，科学的理论来源于实践，能够经受实践的检验，并最终回归于实践。科学的理论对实践具有积极的指导作用，能够指导人们科学开展实践活动。把握科学的理论，不能仅仅停留在认识理论的层面上，还应该学习具体的方法论知识，能够充分发挥主观能动性，能够运用理论知识去解决实际的问题。具体到中国的革命与建设实践中，在我党的百年发展历程中，中国共产党始终坚持马克思主义理论的科学指导，创造性地将马克思主义理论与中国实践相结合，带领全国人民进行革命与建设，走过了百年征程，克服一个个艰难险阻，不断从胜利走向胜利，迈入社会主义新时代。

（3）将实践经验上升为新的理论。理论与实践相结合，既要在精准把握理论内涵的基础上充分发挥主观能动性，解决实际问题，又要将实践经验上升为新的理论，指导实践的进一步开展。实践是理论的基础，对理论具有决定性的作用，同时，理论对实践具有反作用，科学的理论对实践具有积极的指导作用。

人民群众在运用理论解决实际问题的同时，还需要重视经验的总结，因为科学的理论正是人们在生产、生活与研究实践中总结形成的。社会实践是不断发展的，因此，作为实践经验总结的理论也应该伴随着时代的发展不断更新，在理论与实践的结合中实现两者的共同发展。

（二）理论与实践相结合的基本要求

从理论与实践相结合的内涵出发，人民群众可以总结出在运用马克思主义指导中国实践过程中贯彻理论与实践相结合原则的基本要求。

首先，人民群众应该吃透马克思主义相关理论，不仅要对马克思主义的一般原理以及中国当代马克思主义的结构与内容具有全面、深刻的认识，还要注重对于马克思主义立场、观点和方法的把握。马克思主义理论不仅能为人民群众提供正确的价值观引导，同时，它还能够提供对于实践具有重要指导意义的方法论。在新时代中国特色社会主义建设实践中，应该提升运用马克思主义解决中国实际问题的能力。

其次，人民群众学习理论的目的是运用科学的理论解决实际的问题，这也是理论与实践相结合的目的之所在，通过理论联系实际，用科学的理论指导实践，并在实践中总结经验，凝结成新的理论成果。人民群众在马克思主义理论的指导下开展对实际问题的调查和研究，不仅要有对实际的感性认识，还要上升到对其本质的理性把握，只有把握了本质，才能明确事物的性质与运行规律，更好地解决实际问题。

最后，理论与实践相结合不仅仅是运用理论指导实践的单向过程，还需要在实践中总结经验，补充和完善相关理论。人民群众在运用马克思主义解决实际问题的过程中，不仅需要深入理解和灵活运用马克思主义理论，还应在社会主义改革和建设实践中总结经验，不断丰富和发展马克思主义。人民群众正是始终坚持理论与实践相结合的原则，才走出了新民主主义革命道路和中国特色社会主义道路，形成了中国特色社会主义理论体系，并伴随着我国实践的发展不断完善，为我国的社会主义建设提供了科学的理论指导。

（三）理论与实践相结合的必要性

理论与实践相结合原则是理论与实践具体的历史的统一，是理论与实践辩证关系的方法论，它既是马克思主义的一个基本原则，同时也体现了马克思主义的本质特性。正是因为马克思主义者在实践中始终坚持理论与实践相结合的原则，才使得马克思主义为人民大众所认识、掌握和使用，成为人民大众认识世界、改造世界的强大思想武器。也正是因为马克思主义者在实践中始终坚持理论与实践相结合的原则，才使得马克思主义能够永葆生机与活力，展现出强大的生命力与真理力量。理论与实践相结合的必要性主要体现在以下两点。

1. 理论与实践是辩证统一的

理论与认识是马克思主义哲学中的一对重要范畴，两者是辩证统一的关系，其中，实践是认识的基础，认识对实践具有重要的反作用。理论是人们把实践活动中的认识和经验加以概括和总结所形成的某一领域的知识体系，是系统化的理性认识。因此，作为认识的一种形式，理论与实践之间同样是辩证统一的关系，实践是理论产生的重要基础，而理论对实践同样也具有重要的反作用。

（1）实践是理论的基础。实践是理论的重要基础，是理论形成的土壤，对理论具有决定作用。实践对于理论的基础性作用主要体现在以下几个方面。

首先，实践是理论的源泉。实践是认识的来源，理论则是人们把实践活动中的认识进行总结形成的知识体系，理论形成的前提是人们的生产生活实践。脱离了实践，理论就变成了无源之水、无本之木。

其次，实践是理论发展的动力。科学的理论不是一成不变的，而是需要根据实践的变化不断丰富和发展的，实践不断给人们提出新的认识课题，不断为人们认识的发展提供经验材料，不断为人们提供新的认识工具。同时，人们的认识能力也在实践的过程中不断得到提升，科学的理论也在这一过程中实现发展。

再次，实践是检验认识真理性的唯一标准，真理是科学的理论，理论的科学性体现在其是否符合实践发展的客观规律，是否有利于推进实践的发展，理论只有放在实践中去检验才能证明其科学性与价值性。

最后，实践是认识的目的和归宿。科学的理论，其价值绝不体现在

第四章 当代马克思主义大众化传播的关键点

纸面之上，而是体现在对实践的指导意义上，理论总结的目的就在于能够更好地指导实践，而理论作用的发挥也是在实践中体现出来的。理论与实践相结合，落实到具体的生产生活实践中就是理论从实践中来，到实践中去的一个两者不断发展的过程。

（2）理论对实践具有反作用。实践决定认识，认识对实践具有重要的反作用，科学的理论对实践具有重要的指导意义。理论是认识的总结，是一种间接经验，其重要的作用就是帮助人们在实践中少走弯路，但是理论并非都是正确的或符合实践发展的，只有符合实践发展规律的科学的理论才具有时代价值，才能指导人们正确地开展实践。

理论只有与实践充分结合，才能通过实践不断丰富自身的内涵，并通过理论的创新实现实践的创新。马克思主义大众化的可持续发展就是在马克思主义与中国具体发展实践的结合中得以实现的，只有坚持理论与实践相结合的原则，才能保证马克思主义大众化能够满足不断发展变化的实践需要。

当代中国马克思主义大众化的过程，就是通过开展广泛的宣传普及活动，使广大的人民群众能够理解、掌握和运用作为马克思主义中国化最新成果的习近平新时代中国特色社会主义思想，并在这一过程中逐步拥有马克思主义的思想观念和思维品质，使马克思主义真正成为人民群众发挥新时代中国特色社会主义实践主体作用的强大的思想武器。

2.理论与实践相结合原则体现了马克思主义的本质特性

科学性、人民性、实践性、发展开放性是马克思主义的本质特性。马克思主义是一种科学的世界观，重视理论的学习，更是一种对实践具有重要指导意义的方法论，重视理论与实践的结合，相比于解释世界，马克思主义更注重改造世界。

毛泽东在《反对本本主义》中明确指出，马克思主义的"本本"是要学习的，但必须是同我国的实际情况相结合的"本本"，而不是脱离实际情况的本本主义。无数的实践证明，在中国共产党的领导下，坚持马克思主义，将马克思主义与中国的具体实践相结合，就能取得一个又一个的胜利；理论脱离实际，背离理论与实践之间的联系，就会导致失败、挫折的悲剧。由此可见，理论与实践相结合体现了马克思主义的科学性和实践性，是马克思主义的本质要求，也是马克思主义大众化所必须遵守的重要原则。

（四）理论与实践相结合促进马克思主义大众化传播

1.准确把握理论与实践相结合的主要内容

在马克思主义大众化传播中坚持理论与实践相结合的原则，首先要对理论与实践相结合的具体内容有一个准确的把握。马克思主义与中国实践相结合的最新成果是习近平新时代中国特色社会主义思想，这也是当代马克思主义大众化的主要内容，对习近平新时代中国特色社会主义思想的认识要做到以下两点。

（1）用联系的眼光看问题。习近平新时代中国特色社会主义思想是马克思主义中国化的最新成果，是马克思主义与新时代中国的具体实践相结合的产物，因此，要将习近平新时代中国特色社会主义思想放在马克思主义的整个理论体系中去认识，不能将习近平新时代中国特色社会主义思想与马克思主义思想割裂开来，要在马克思主义大众化传播的过程中注重两者之间深刻的联系。

（2）用发展的眼光看问题。习近平新时代中国特色社会主义思想，是对马克思列宁主义、毛泽东思想、邓小平理论、"三个代表"重要思想、科学发展观的继承和发展，是马克思主义中国化最新成果，是党和人民实践经验和集体智慧的结晶，是中国特色社会主义理论体系的重要组成部分，是全党全国人民为实现中华民族伟大复兴而奋斗的行动指南，必须长期坚持并不断发展。

要想认识习近平新时代中国特色社会主义思想，就要将其放在我国建设和发展的整个历史阶段来认识，避免用静止的、片面的、孤立的眼光看待马克思主义，要在实践中用发展的、全面的、联系的眼光看待马克思主义以及马克思主义中国化的最新成果。

2.认清理论与实践相结合的背景

在马克思主义大众化传播中坚持理论与实践相结合的原则,还要对实践背景有一个相对全面、清晰的认知,明确实践条件的具体内容。要将当代中国马克思主义大众化放在和平与发展的大时代背景与新科技革命的时代特征的背景下认识,放在中国特色社会主义新时代的新征程中去认识,放在人民群众思想意识多元化和价值观多元化的意识形态背景中去认识。

在马克思主义大众化传播中坚持理论与实践相结合的原则,要以新时代中国特色社会主义建设的实践为中心,以习近平新时代中国特色社会主义思想为指导,着眼于马克思主义在具体实践中的应用,紧密结合集中力量进行社会主义现代化建设,实现第一个百年奋斗目标,开启实现第二个百年奋斗目标新征程,朝着实现中华民族伟大复兴的宏伟目标继续前进的实践,研究回答广大人民群众关心的重大理论和实际问题,坚持把马克思主义宣传普及与群众物质利益结合起来,才能使中国特色社会主义理论体系真正为人民大众所认同、理解和掌握。实践证明,只有把理论与实践紧密结合起来,当代中国马克思主义大众化的推进活动才能卓有成效。

二、坚持正确的舆论导向

马克思主义大众化若想达到广泛的传播效果,就必然需要借助媒体与舆论的力量,因此,在马克思主义大众化传播的过程中,必须坚持正确的舆论导向。

(一)正确的舆论导向

1.舆论的含义与舆论导向的内涵

(1)舆论的含义。关于舆论的定义,《新闻学简明词典》给出的解释是:"社会生活中一部分群众或一定集团对某种事态发展所持的大体一致的意见,是一种社会思潮,具有支配人们行为道德的一定的权威性和无形的约束力。"舆论在我国古代被称为"舆诵",有时也称"清议",在当代,指的是社会生活中公众对某一对象所持的意见或看法,是不同信念、意见和态度的总和,其中,公众是舆论的主体,事实或事态是舆论的客体,公众的意见则是主体对于客体的判断,是舆论的表达形式。舆论能够反映人心的向背,是一种普遍的、隐蔽的和强制的力量。舆论的特点如图4-1所示。

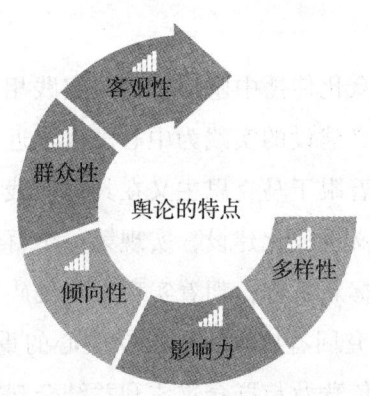

图 4-1 舆论的特点

舆论的客观性指的是舆论建立在客观事实的基础之上,是社会客观事态在人们思想认识上的反映。舆论的群众性指的是舆论的形成并非依靠一个人或少数人的意见,多数人乃至全社会人的比较一致的意见才能形成舆论。舆论的倾向性表现在人们对某些社会事态或者社会现象能够形成一种相对明确的价值判断,或肯定或否定,或赞扬或谴责,或支持或反对,具有鲜明的情感倾向。舆论的影响力来源于舆论主体的广泛性,由于舆论的主体是社会上的多数人,因此舆论对整个社会具有广泛而深刻的影响。舆论的多样性则是由舆论主体的差异性所导致的,由于舆论主体之间在多个方面存在差异,因此舆论往往不会整齐划一,高度一致,而是呈现出差别性和变动性的特点。

(2)舆论导向的内涵。舆论导向也被称为舆论引导,是对社会舆论的评价与引导，其基本内容是通过舆论对人的主观意向进行引导，进而对人的行为产生影响，使之朝着符合舆论引导主体需求的方向发展。具体来说，舆论导向主要包括以下三方面内容：其一，对当前社会舆论的评价；其二，对当前社会舆论及舆论行为的引导；其三，就某一社会事实制造舆论。正向舆论能够对社会发展起到推动和促进作用，而负向舆论则对社会发展起到破坏和反面作用。

舆论导向在媒体传播中的作用突出表现在以下两个方面，其一是对舆论进行引导，即用正确的路线、方针和政策去引导群众，帮助群众更好地认识和理解真理，更好地把握政策。其二是能够正确地反映社会舆论，能够将群众分散的意见通过传播媒体反映出来，形成一股强大的舆论力量，推动社会向前发展。

舆论导向直接影响着广大社会成员的思想和行动，关系到革命和建设事业的成败，是新闻工作中一个需要高度重视，不能掉以轻心的原则性问题。社会主义新闻事业的一个重要工作任务就是把握正确的舆论导向，坚持用正确的舆论导向引导人民群众，及时发现负面舆论，及时处理舆论，为新时代中国特色社会主义建设提供良好的舆论环境。

2. 正确的舆论导向

所谓正确的舆论导向，指的是舆论导向的正确性，即政党、政府或社会组织有目的、有意识地将大众舆论引导到正确的轨道上来，保证社会舆论向着正确的方向发展。正确的舆论导向主要体现在三个方面，包括正确的政治方向、适时的舆论话题以及适中的舆论强度。

判断一种舆论导向是否正确，首先要观察其代表的政治方向是否正确，只有代表社会实践发展的方向，符合人类历史发展的规律，能够促进社会生产力的发展，能体现最广大人民的根本利益的舆论导向才是正确的舆论导向。其次，正确的舆论导向一定是当前符合时代发展的规律的。最后，正确的舆论导向还需要注意强度适中，要考虑人民群众和社会整体的承受能力，只有这样，才能保证正确的舆论导向能够更好地传播。

（二）正确舆论导向的特征

正确的舆论导向是符合社会历史发展规律，符合人民群众根本利益的，正确的舆论导向有着自己鲜明的特点。正确舆论导向的特征如图4-2所示。

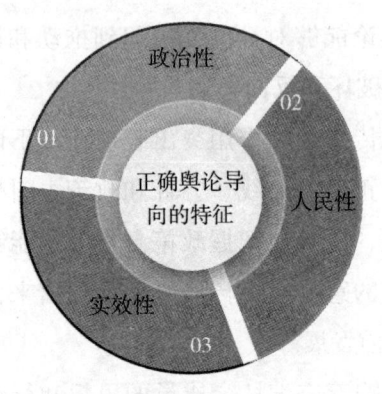

图 4-2　正确舆论导向的特征

1. 政治性

政治性指的是正确的舆论导向应该具有正确的政治立场，代表正确的政治方向。舆论导向关系到社会大众的总体价值判断与价值认同，关系到民心之所向，是党和政府工作的一个风向标。

政治问题，无论在什么时候都是根本性的大问题，事关党的生死存亡和国家、民族的兴衰起落，讲政治是我党的一贯要求，同时也是我党历经百年长盛不衰的重要保证。在党和国家的发展过程中，要重视讲政治的重要性，坚持正确的舆论导向，在新闻舆论工作中牢牢把握宣传的主动权，对于舆论具体的发展动向有一个良好的把握，使舆论导向必须坚定政治性第一，将舆论引导朝着符合社会历史发展的方向前进，保证社会舆论合乎国家政治的运作方向，保证舆论导向有利于维护党和国家的发展。

2. 人民性

新时代新的历史条件下，我党需要坚定不移讲政治，勇于担当为人民。人民性是中国人权发展道路最显著的特征，也是党和政府工作的重要特性。

舆论是社会公众在特定的时空环境下针对某一社会现象或社会事态所形成的认识、判断和意见。舆论本身带有的群众性与多样性的特点，就是人民性的显著体现。要坚持正确的舆论导向，就需要舆论工作者对社会大众的总体认知有一个相对全面的了解，了解广大人民群众的整体意志和总体意愿，并以此为基础，对舆论工作做出正确的引导。

舆论工作是一个"从群众中来，到群众中去"的过程，群众是舆论形成的基础，同时也是舆论工作的对象和舆论导向最终的归宿。在当前价值多元化的世界中，只有在不同的思想和价值观碰撞中形成某种相对一致的观点或认知，促进舆论朝向符合人民群众共同心声和意愿的方向发展，才能引发人民群众的共鸣，形成具有鲜明的人民性的正确舆论导向。

3. 实效性

实效性指的是正确的舆论导向受时空影响较大，正确舆论导向的实效性主要体现在以下两点。

第一，坚持正确的舆论导向，需要准确把握最有效的时机，作为舆论客体的社会现象或社会事态，其发生或持续的时间都是不确定的，其发酵的程度和造成的影响也具有很强的不确定性，特别是在信息传播效率和传播范围较以往有很大提升的今天，可以说，舆论的发展具有突发性、瞬时性和不确定性。

在马克思主义大众化传播的过程中坚持正确的舆论导向，必须抓住最有利的时机，如果没有抓住最有利的时机开展舆论导向工作，或者在舆论导向工作中没有把握好效果，那么对舆论的引导工作就会很难开展。这就要求舆论工作者必须把握舆论工作的实效性，在最佳的时间引导舆论朝着正确的方向发展。

第二，坚持正确的舆论导向，要用历史的辩证的方法来开展舆论宣传工作。唯物辩证法认为事物是运动变化发展的，无论是舆论的主体，还是舆论的客体，抑或是舆论的内容，同样也是处在不断的运动变化发展之中。因此，在舆论引导工作中，有些观点也许在某一时刻提出是符合社会历史发展规律和人民群众普遍认知的，但是在另一时间点提出，可能就会与社会普遍的价值认同相悖。因此，若想在马克思主义大众化传播的过程中做好舆论导向工作，就必须充分认识到舆论导向工作的时效性，在正确的时间形成一定的声势，引起社会的关注，营造积极的氛围，争取民众的支持，引导社会舆论朝向正确的方向发展。

（三）为什么要坚持正确的舆论导向

马克思主义大众化传播是一个思想宣传的过程，在这一过程中，舆论导向发挥着至关重要的作用。正确的舆论导向符合社会历史发展规律，符合人民群众根本利益，特别是在社会主义建设的新时代，价值的多元化、发展形势的复杂化以及信息传播途径的多样化使得坚持正确的舆论导向变得愈发重要。在马克思主义大众化传播的过程中坚持正确的舆论导向尤为重要，坚持正确舆论导向的原因如图4-3所示。

坚持正确舆论导向的原因

1. 价值多元化需要坚持正确的舆论导向
2. 社会发展的复杂性需要坚持正确的舆论导向
3. 传媒的发展需要坚持正确的舆论导向
4. 正确的舆论导向是坚持党性原则的最高体现

图 4-3　坚持正确舆论导向的原因

1. 价值多元化需要坚持正确的舆论导向

价值多元化指的是承认并尊重人在社会生活中多种多样的存在意义，价值多元化是价值主体凸显的结果，其实质是容纳不同的价值标准与追求。主要表现为个体价值观的多元化发展。

进入新世纪以来，我国的社会思想呈现多元化发展的态势，人们的思想意识多样、多变，价值多元化固然是思想开放程度提升，个体自主意识觉醒的重要体现，但在这一过程中，很容易产生不符合社会历史发展规律的思想，这就需要传播媒体坚持正确的舆论导向，认真做好马克思主义大众化传播的工作，巩固马克思主义在意识形态领域的指导地位。

2. 社会发展的复杂性需要坚持正确的舆论导向

随着时代的发展，社会经济的组织形式、构成成分、利益关系、就业方式、劳动与分配方式均呈现多样化发展的趋势。与此同时，伴随着社会发展的日益复杂化以及国际形势的复杂多变，社会热点层出不穷，突发事件时有发生，这就对我国的舆论引导工作提出了更高的要求，需要舆论工作者从人民群众关心的热点问题以及与人民群众生产生活息息相关的问题入手，主动回应人民群众的关切，有效化解人民群众的疑惑，坚持正确的舆论导向，维护社会的和谐稳定。

3. 传媒的发展需要坚持正确的舆论导向

随着科学技术的飞速发展和经济全球化进程的不断加快，全球范围内信息技术发展突飞猛进，为人们带来了新的文化生产方式与传播方式。信息的传播渠道不断丰富，传播速度日益提升，传媒技术和传媒手段不断丰富发展。迅速崛起的新媒体更是成了信息与思想文化的集散地以及社会舆论的放大器。许多突发的事态能够通过网络的传播在短时间内变成舆论的焦点，引发社会成员的广泛关注。

在这种情况下，舆论工作者必须占领文化传播的制高点，把提升网络舆论引导的能力放在突出的位置，高度重视互联网的建设、管理和服务，努力使不同类型的新媒体平台成为传播社会主义先进文化、推进马克思主义大众化的前沿阵地，促进人民群众精神生活的健康发展。

4. 正确的舆论导向是坚持党性原则的最高体现

党性，是一个政党所固有的本性，是其所代表的阶级属性的集中体现。中国共产党的党性体现在中国共产党是中国工人阶级的先锋队，同时是中国人民和中华民族的先锋队，是中国特色社会主义事业的领导核心，代表中国先进生产力的发展要求，代表中国先进文化的前进方向，代表中国最广大人民的根本利益，党的最高理想和最终目标是实现共产主义。

人类社会自产生阶级以来，舆论传播就有了阶级性，没有阶级性的舆论传播是不存在的。习近平强调，党和政府主办的媒体是党和政府的宣传阵地，必须姓党。党媒姓党，是党的媒体的根本属性，是新闻舆论工作最根本的原则。

党性对传媒工作的基本要求主要有以下三点。第一，传媒工作必须在政治上与党保持高度的一致，坚持正确的政治方向。第二，传媒工作必须在思想上坚持马克思主义的指导地位，坚持辩证唯物主义与历史唯物主义的世界观与方法论。第三，必须在组织上贯彻执行党的组织路线，坚持党对传媒事业的领导。

（四）如何坚持正确的舆论导向

1. 进一步加强党对舆论工作的领导

党性原则是舆论工作的基本原则之一，中国共产党是新时代中国特色社会主义建设的领导者，我国的一切工作都是在这个基础上开展的，具有重要的思想文化宣传作用的舆论工作更需要在党的领导下开展。开展新闻和舆论工作，必须能够体现党的意志、反映党的主张、维护党的权威。新闻舆论工作应该站稳政治立场、坚决维护党的领导、坚定党的理论和路线方针政策，在思想上与党中央保持高度一致。

2. 构建科学的舆论引导格局

要坚持正确的舆论导向，在坚持党对舆论工作领导的同时，还需要构建科学合理的舆论引导格局。如党报党刊、通讯社、电台电视台等主流媒体必须牢记使命、认清形势、站稳立场、勇于担当，积极把握正确舆论导向的基本方向，与党的路线政策保持高度一致，密切关注人民群众的利益诉求。网络新媒体则要健全应急的舆论引导机制，面对重大突发事件，新兴媒体可以将引导机制灵活化、常态化、高效化，提高时效性、增加透明度，确保能够第一时间跟进新闻舆情热点。

3.提升舆论工作者的素质

坚持正确的舆论导向，主要依靠以新闻从业人员为代表的广大的舆论工作者。若想做好舆论导向工作，必须全面提升舆论工作者的业务能力和综合素质。

首先，提升舆论工作者的素质要提升舆论工作者的业务能力。在新媒体迅速发展的今天，要想做好舆论导向工作，舆论工作者必须做到能够熟练掌握新的传播媒介，能够快速高效地整合各种媒介资源，提升信息的获取能力与分析能力，增强对社会舆论的判断力。

其次，提升舆论工作者的素质还需要注重舆论工作者道德水平的提升。作为新时代的舆论工作者，必须始终秉持社会责任感和职业道德，坚持以人民为中心，真实准确地传播新闻信息，积极弘扬先进的文化和思想，自觉抵制错误的思想与观点，强化责任担当意识，提升自身的综合素质，做党和人民信赖的舆论工作者。

三、坚持与时俱进和理论创新

（一）与时俱进是马克思主义的重要理论品质

与时俱进是马克思主义的重要理论品质，这一品质蕴含在马克思主义的科学体系和基本原理之中，蕴含在马克思主义的实践性、科学性、革命性和发展开放性等本质特性之中。马克思主义自诞生以来，之所以能够永葆活力，能够在新时代指导我国社会主义建设的开展，其根本原因就是马克思主义具有与时俱进的优秀品质，能够在理论与实践两个层面随着时代的发展不断丰富与完善。在实践层面表现为理论与实践相结合，在理论层面表现为理论的创新与发展。

国家的发展和社会主义的建设在不同时代有不同的课题，马克思主义的产生是对19世纪时代课题的回应，而当代中国的马克思主义也是为了回应中国特色社会主义建设道路上面对的一个个课题而不断完善和发展的，马克思主义鲜明的时代特色在这一过程中体现得淋漓尽致。

习近平新时代中国特色社会主义思想是马克思主义中国化的最新成果，是为了回应新时代如何建设中国特色社会主义这一时代之问而诞生的，是推进和发展中国特色社会主义的思想武器，是新时代马克思主义大众化的主要内容。习近平新时代中国特色社会主义思想创造性地将马克思主义与新时代中国特色社会主义建设的实践相结合，对不断发生变化的时代和实践做出科学准确的判断和分析，使马克思主义理论更加符合实际情况，并更好地指导人们开展新的实践，充分体现了马克思主义与时俱进的理论品质。

（二）与时俱进是马克思主义大众化的内在要求

马克思主义理论不是停留在书本上的教条，而是应用于实践的行动指南。马克思主义是人民群众实践经验的科学总结，是帮助人们更好地认识和改造世界的强大的武器，是照亮人类发展方向的灯塔。因此，马克思主义不能停留在书本上，不能局限于课堂之中，而是需要被广大的人民群众所理解、所掌握，只有这样，马克思主义才能在具体的社会主义建设实践中充分发挥其理论指导的作用。

马克思主义大众化推进的重要前提就是马克思主义需要回应人民大众在新时代的新需求，能够解决新时代中国特色社会主义建设所面临的新课题。马克思主义大众化要求马克思主义能够顺应时代发展，把握时代脉搏，贴近人民大众，贴合人民大众的生存发展实际，符合人民群众的思想认识实际，不断给人民带来更大的福祉。伴随着客观实践的不断变化和发展，人民群众的诉求与思想观念也相应地处于变化发展之中，人民群众是马克思主义大众化的对象与核心，实现马克思主义大众化，就必须保证马克思主义理论与时俱进，能够体现时代的特征，根据时代的发展不断丰富和完善自身的理论体系。

（三）理论创新是马克思主义大众化的重要途径

马克思主义是一种对实践具有重要指导作用的理论，理论的指导作用体现在其实践性与先进性之中，理论必须来源于实践，符合实践发展的客观规律，且具有一定的先进性，才能对实践具有良好的指导作用。因此，实践的不断变化促使马克思主义理论也要随着实践的发展而不断创新，不断总结形成新的理论体系，进一步指导实践的开展。

马克思主义大众化的过程就是帮助人民大众了解和运用马克思主义最新理论成果的过程，因此，马克思主义大众化想要进一步发展，就需要使马克思主义符合人民群众的实际需求，为人民群众提供符合实践需求的方法论，马克思主义只有在理论内容方面不断进行创新，才能指导人民群众进行创造性的实践。

马克思主义之所以能够永葆活力，就是因为其对于人类社会的发展具有普遍的指导意义，且能够以开放的体系吸收人类文明的一切成果，其内涵根据实践的变化不断得到丰富和发展。可以说，理论创新是马克思主义生命之所系，力量之所在。这就需要在马克思主义大众化过程中不断推进理论创新，同时以马克思主义的理论创新指导其大众化过程。

四、自觉强化首位意识

（一）弘扬主旋律，传播正能量

弘扬主旋律是强调统一的指导思想，其科学内涵是民族荣誉感和对国家的归属感，只有坚定不移地弘扬主旋律，才能集中力量，锐意进取，实现社会主义现代化。正能量指的是一种积极向上、奋斗不息、奋勇向前、健康乐观的动力和情感，泛指生产和生活中一切积极向上的情感和行为，也指代一些积极健康、催人奋进的人和事。传播正能量，可以使公民重视自身修养，丰富人民的精神世界，提高公民的道德素质，助力文化强国的建设，为社会发展营造积极向上的氛围。

马克思主义大众化传播离不开思想宣传工作。"坚持团结稳定鼓劲、正面宣传为主"是思想宣传工作所必须遵循的重要方针。要在思想宣传中坚持马克思主义新闻观，将社会主义核心价值观作为舆论引导的方向，作为舆论宣传主力军的主流媒体应该全面贯彻宣传"一面旗帜、一条道路、一个理论体系",努力把全国人民团结和凝聚在中国特色社会主义的伟大旗帜下,坚定不移地走中国特色社会主义道路,坚定共同理想信念,强化中国人民的精神支柱,弘扬新时代中国特色社会主义建设的主旋律,传播积极进取建设新时代中国特色社会主义的正能量。

(二)重视舆论引导,强化大局意识

在马克思主义大众化的过程中,思想宣传工作一定要把围绕中心,服务大局作为基本职责。围绕中心,即以经济建设为中心。经济基础决定上层建筑,发展的问题决定着一个国家,一个民族的兴衰,思想宣传工作需要团结人民,凝聚力量,激励人们聚精会神搞建设,一心一意谋发展。服务大局,就是要贯彻、落实党和政府的重大决策部署,牢固树立大局观念,一切从大局出发,在大局下行动,为改革开放和社会主义现代化建设提供强大的精神动力及舆论支持,推动经济建设、政治建设、文化建设、社会建设和党的建设全面发展。

重视舆论引导,围绕中心,服务大局,这是党对传媒工作的一个总要求,同时也是新时代中国特色社会主义传媒事业的一个基本方针,是坚持正确舆论导向最重要、最具体的体现。实践证明,思想宣传工作只有始终树立大局观念,才能牢牢掌握舆论引导的主动权,形成强有力的主流舆论态势,赢得思想宣传方面的主动权。

(三)做好宣传工作,强化阵地意识

在马克思主义大众化过程中自觉强化首位意识,需要舆论工作者在党的领导下做好宣传工作,强化阵地意识,保持和发展舆论工作的主阵地。主流媒体传播着主流意识和价值观,引导着社会发展主流,受关注度高,传播影响力大,具有很强的权威性和公信力,在舆论工作中发挥着主阵地、领头羊和风向标的作用。

随着时代的发展和技术的进步,信息的传播途径与传播格局均产生了重大的变革,人们接受信息的渠道不断拓宽,信息的传播速度也大大提升。在这种情况下,主流媒体需要主动适应舆论环境的变化,遵循新

第四章　当代马克思主义大众化传播的关键点

时代新闻传播的规律，敢于发声、善于发声、巧于发声，不断提升传播力、公信力和影响力，将舆论工作的主动权与主导权牢牢掌握在手中。同时，还要重视对现代传播技术的掌握，要加快传播方式的现代化发展，推动主流媒体与新兴媒体的融合发展，这既是做好宣传工作的要求，同时也是强化自身舆论宣传阵地的需求。

第二节　马克思主义大众化传播的基本理念

马克思主义大众化是新时代中国特色社会主义建设的要求，是新时代坚持和发展马克思主义的要求，是让群众掌握科学的思想武器，并以其为指导进行创造性的实践，从而改变世界，完成从精神力量到物质力量的转变的过程。新时代要坚定不移地推进马克思主义大众化，在遵循基本原则的基础上，还要坚决贯彻基本的理念。马克思主义大众化传播的基本理念如图4-4所示。

图4-4　马克思主义大众化传播的基本理念

一、坚持以人为本

（一）以人为本的科学内涵

以人为本，是把人类的生存作为根本，重视人的实践主体地位，在发展中把人放在中心地位。以人为本体现了中国共产党全心全意为人民服务的根本宗旨。以人为本，不仅主张人是发展的根本目的，还回答了为什么发展、发展为了谁的问题。

人是实践的主体，人既是发展的根本目的，同时也是发展的根本动力。以人为本中的"人"，指的是广大的人民群众，既不是抽象的人，也不是某个人、某些人。发展需要依靠人民群众，发展同样也需要为了人民群众。历史唯物主义认为历史是人民群众创造的，也只有人民才是创造世界历史的根本动力，因此，在开展实践时，要充分重视人民的重要性，要始终站在最广大人民的立场上，代表最广大人民的根本利益。

以人为本重视人的发展。马克思主义强调人的发展应该是自由、和谐、充分的发展，人是社会的人，人的发展与社会的发展紧密相连，二者互为发展条件。人是社会实践的主体，人在已有实践条件的基础上充分发挥主观能动性，不断进行创造性实践，在实现自我发展的同时，推动着社会不断向前发展，而社会的发展又为人的发展创造了新的实践条件。

在社会实践中，人既被社会现实所塑造，又在社会发展中不断实现自身的发展。在人与社会构成的社会共同体中，社会也处于持续发展状态，由简单性向复杂性发展，由单一性向多元性发展。因此，人是建设社会和实现目标的决定性因素，社会中一切工作的开展都需要以人为中心。坚持以人为本的理念，促进人的全面发展，就是推动社会进步的根本条件。

（二）以人为本是马克思主义新闻观的体现

1. 马克思主义新闻观的主要内容

马克思主义新闻观是马克思主义关于新闻传播活动和现象的总体观点与看法，是马克思主义经典作家针对新闻传播事业的本质、属性、地位、作用及其规律的高度概括，是党的新闻舆论工作必须坚守的根本遵循。

马克思主义新闻观主要包括两方面的内容，其一是马克思与恩格斯关于新闻领域的一些根本问题的看法，其二是马克思与恩格斯关于无产阶级党报工作的一系列思想观点。马克思主义新闻观是对资产阶级新闻观的批判和发展，在吸收和借鉴了一些资产阶级关于新闻传播基本规律的理论观点的基础上，将无产阶级的思想与主张融入其中。马克思主义新闻观主要内容包括以下几点。

（1）新闻本体论。新闻本体论包含了新闻的实质内容、表现形式以及新闻在实践中的实现路径。马克思主义从本体论的视角考察新闻的属性，认为新闻具有精神交往属性、物质交往属性及宣传舆论属性。

（2）新闻功能论。在对新闻的属性进行深入分析与总结的基础上，马克思主义还对新闻的功能进行了充分的探讨，马克思主义新闻观认为新闻的功能主要包括以下三点。

第一，新闻具有教育功能。马克思主义新闻观认为新闻就像是一所学校，可以促使人的某些特长得到锻炼。新闻能够使信息进行高效的传递，拓宽人们的视野，帮助人们了解丰富的知识。国家也可以通过新闻向广大的人民群众传递有利于人民自身发展所需的知识，增长人民群众的见闻，促进个体的发展。

第二，新闻具有服务功能。新闻的服务功能主要体现在两个方面。其一，新闻能够满足受众对于新闻消息的需求。新闻是记录社会、传播信息、反映时代的一种文体，用概括的叙述方式，比较简明扼要的文字，准确及时地报道国内外新近发生的、有价值的事实，满足人们对于消息与知识的需求，帮助人们更好地了解社会，了解世界。其二，马克思主义新闻观认为新闻本身也是一种重要的生活资料,在马克思生活的时代,报纸是新闻的主要载体,马克思将报纸视为人们生活中的重要资料,马克思感受到了工人在精神交往以及信息接收过程中所产生的需求,从而在生活资料中也融入了报纸这一要素。当今时代,新闻的媒介呈现多样化发展的趋势,而这些不同类型的媒介也成为了人们生活中所必需的重要资料。

第三,新闻具有表达功能。新闻不仅能够向人们传达信息,还能充分发挥信息载体的功能,帮助人们在更广阔的范围内表达自己的思想与观点。

(3)新闻原则论。马克思主义新闻观认为新闻工作的开展需要按照一定的原则进行,代表无产阶级利益的新闻机构和媒体更应该坚持原则导向。马克思主义新闻观认为新闻工作的原则主要包括以下三点。

第一,新闻工作需要遵循真实性原则,即新闻传达的内容必须是真实可信的,新闻报道中的每一个具体事实必须合乎客观实际。第二,新闻工作需要遵循实效性原则,即新闻工作需要注意新闻报道产生应有社会效果的时间限度,即在什么时间范围内使新闻生效。第三,新闻工作要具有党性,即新闻工作要遵循党的精神,符合党的意志。

2. 以人为本是马克思主义新闻观的体现

新闻是马克思主义大众化的重要载体,马克思主义大众化重视以人为本。以人为本作为马克思主义重要的理论品质,同样在马克思主义新闻观中得到充分的体现,同时也是发展新时代中国特色社会主义传媒事业所必须坚持的根本理念,发展新时代中国特色社会主义传媒事业要做到贴近实际、贴近生活、贴近群众。坚持以人为本,是做好新闻宣传工作的根本要求。

我国的马克思主义者在对传媒工作的论述中也充分体现了以人为本的理念。早在1925年,毛泽东在《政治周刊》发刊词中就说:"为什么出版《政治周刊》?为了革命。为什么要革命?为了使中华民族得到解放,为了实现人民的统治,为了使人民得到经济的幸福。"他还指出,报纸的作用和力量，就在于它能使党的纲领路线、方针政策、工作任务和工作方法，最迅速、最广泛地同人民群众见面。毛泽东将出版革命刊物的最根本目的归结为"实现人民的统治""使人民得到经济的幸福"，充分体现了以人为本的理念。习近平在党的新闻舆论工作座谈会上强调，新闻舆论工作是党的一项重要工作，是治国理政、定国安邦的大事，要适应国内外形势发展，从党的工作全局出发把握定位，坚持党的领导，坚持正确政治方向，坚持以人民为中心的工作导向，尊重新闻传播规律，创新方法手段，切实提高党的新闻舆论传播力、引导力、影响力、公信力。

综上所述，马克思主义新闻观重视以人为本，以新闻为代表的传播媒体是马克思主义大众化传播的主要阵地，在新闻传播中贯彻以人为本的理念，是马克思主义大众化传播的基本要求。

（三）人民至上是党性和人民性统一的体现

1. 党性与人民性相统一

关于中国共产党的党性，笔者在前文已经进行了阐释，在这里不作赘述。坚持人民性，就是要把实现好、维护好、发展好最广大人民根本利益作为出发点和落脚点，坚持以民为本、以人为本。党性和人民性从来都是一致的、统一的。党性寓于人民性之中，没有脱离人民性的党性，也没有脱离党性的人民性。党性与人民性的统一集中表现在以下三个方面。

（1）党性与人民性相辅相成。党性与人民性首先表现为一种相辅相成的关系，党代表着人民的利益，党为人民服务，人民热爱党，形成了你中有我，我中有你的关系。党性与人民性从来都是一致的、统一的。在马克思主义大众化的过程中，党性与人民性的相辅相成指的就是马克思主义大众化的传播，要求在党的领导下对广大的人民群众开展舆论宣传工作，始终坚持人民的利益高于一切，在这一过程中，舆论的出发点和落脚点都是为人民服务。

（2）党性对人民性具有促进作用。我国是以工人阶级为领导的、以工农联盟为基础的人民民主专政的社会主义国家。中国共产党是工人阶级的先锋队，是新时代中国特色社会主义建设事业的领导力量，党代表着全国最广大人民群众的根本利益。在新时代中国特色社会主义建设的过程中坚持党性原则，就是维护最广大人民利益的具体体现。

中国共产党始终坚持群众路线，在开展工作时坚持从群众中来到群众中去的工作方法，一切依靠群众、一切为了群众。纵观中国共产党的百年征程，党始终与人民紧密相连，党站在人民的立场上制定大政方针，全心全意为人民服务，密切联系群众，领导广大人民群众开展社会主义事业的建设。由此可见，坚持党性有利于国家和民族的发展，可以使发展的成果惠及全体人民。

（3）人民性是党性的进一步发展。人民性对党性同样具有重要的促进作用，主要表现在人民性是党性的进一步发展。党的性质要求我党在实际工作中要密切联系群众，倾听群众的声音，这样才能全面了解社会发展的概况，了解人民群众最真切的需求。在马克思主义大众化传播的过程中，党带领人民群众在马克思主义理论的指导下开展新时代中国特色社会主义建设的实践，而在实践中产生的新经验也能够反过来帮助党调整工作方法，创新发展理念，更加密切地联系群众，更好地开展群众工作。

2. 以人为本是党性和人民性统一的体现

在马克思主义大众化传播中坚持以人为本的理念，充分体现了党性和人民性的一致。以人为本就是以人民的利益为本，从人民的需求出发，充分听取人民的呼声，领导人民展开实践，并使发展的成果惠及全体人民。中国共产党是执政党，代表着全中国最广大人民的根本利益，一切方针、政策都是从人民的根本利益出发的，党的利益与人民的利益是高度一致的。

（四）以人为本是发展社会主义民主的要求

实践证明，人民民主专政是适合中国国情和革命传统的一种形式，具有鲜明的中国特色。坚持人民民主专政的实质，就是要不断发展社会主义民主，切实保护人民的利益，维护国家的主权、安全、统一与稳定。

以人为本是党性与人民性一致的表现,是检验党一切政治活动的最高标准,因此,发展社会主义民主同样应该贯彻以人为本的理念。

我国的国体是人民民主专政,政体是人民代表大会制度,国体的核心是人民当家作主,而人民当家作主就要求不断发展和完善社会主义民主政治。以人为本的理念,强调了人民的主体地位,充分体现了人民当家作主和发展社会主义民主政治的改革方向,是发展社会主义民主的要求。

在马克思主义大众化传播的过程中贯彻以人为本的理念,能够帮助广大人民群众运用马克思主义的基本观点更加全面、深入地分析问题,能够运用马克思主义的方法论更加科学、高效地开展实践,帮助广大人民群众在党的带领下能够更好地认识世界、改造世界。

二、坚持服务大局

马克思主义大众化传播要服务于党的路线、方针、政策,这是由传媒事业的政治属性决定的。思想宣传工作一定要把围绕中心,服务大局作为基本的职责,这是党对传媒工作的一个总要求,同时也是新时代中国特色社会主义传媒事业的一个基本方针,是坚持正确舆论导向最重要、最具体的体现。如何贯彻服务大局的理念如图4-5所示。

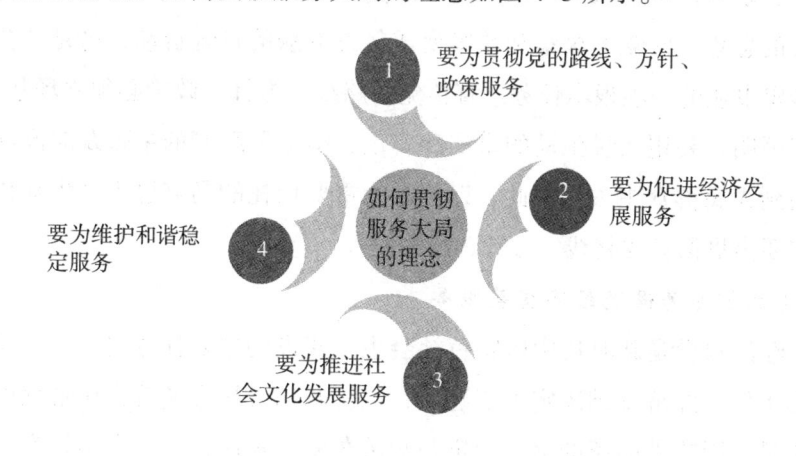

图4-5 如何贯彻服务大局的理念

(一)要为贯彻党的路线、方针、政策服务

服务大局的前提是明确什么是大局，大局指的是党和国家工作的主要方面，党和国家的中心工作是大局，社会的和谐稳定是大局，经济增长与人民幸福是大局，最广大人民的根本利益是大局。服务大局，就是要贯彻、落实党和政府的重大决策部署，马克思主义大众化传播要坚定不移贯彻围绕中心，服务大局的理念，这既是马克思主义大众化传播所需要遵守的原则，同时也是马克思主义大众化传播的主要任务之一。

坚持服务大局要求马克思主义大众化传播要为贯彻党的路线、方针、政策服务。中国共产党代表全国最广大人民的根本利益，党的路线、方针和政策都是站在人民的立场上制定的，因此，马克思主义大众化传播需要坚定不移地贯彻党的路线、方针和政策。

传媒是马克思主义大众化的重要依托，无论是何种性质的传媒事业，都需要传播有利于其拥有者和管理者的信息，并用这些信息去影响广大的观众，充分实现舆论宣传的作用。实现媒体拥有者或控制者的目的与要求，就是传播工作者承担的舆论引导使命。我国社会主义传媒事业在政治上的要求，就是正确、全面、生动地向群众宣传党的纲领、路线、方针、政策，帮助人民群众及时了解党和政府的决策，统一全党和全国人民的思想，使党的决策和政策变成亿万群众的自觉行动，这是社会主义传媒事业的一项根本任务。宣传党的路线、方针、政策必须立场坚定、旗帜鲜明。要用大量生动的事实和言论，把党和政府的主张及时准确地传播到人民群众中去。因此，以传媒为重要依托的马克思主义大众化同样需要为贯彻党的路线、方针、政策服务。

(二)要为促进经济发展服务

经济建设是新时代中国特色社会主义建设的主要任务之一，是党的中心工作。经济基础决定上层建筑，经济基础直接影响着人民群众的生活质量，影响着国家的繁荣稳定与长治久安。媒体作为社会舆论宣传的主要工具，为经济建设服务是其开展工作的内在要求，也是当今时代我

国传媒工作的重中之重。

实现更好的经济发展，不仅需要有科学的经济发展政策，完善的经济发展配套措施，强有力的技术与高素质人才的支持，还需要良好的经济发展环境。经济发展环境受多种因素影响，其中，正确的舆论引导发挥着重要的作用。科学的经济运行政策与经济规则需要通过传媒的渠道为人们所了解和遵守。经济与传媒并非相对独立的两个领域，两者相互渗透、相互融合，形成一个良性运转的统一体，在这个统一体中，经济建设要靠传媒提供精神动力、思想保障和智力支持，而传播媒介也只有在为经济建设服务中才能体现出自身的价值。

以传媒为重要依托的马克思主义大众化传播同样需要重视为促进经济发展服务，这不仅是作为传播手段的传媒的任务，也是马克思主义大众化以人为本，重视人民群众美好生活需要的内在要求。

（三）要为推进社会文化发展服务

中国共产党代表着先进文化的前进方向。文化是人类社会实践的一切成果，是人类在社会实践的过程中所获得的物质、精神的生产能力和创造的物质、精神财富的总和。因此，文化有先进与腐朽、积极与消极、精华与糟粕之分，在当今时代我国推进文化发展，就是发展社会主义先进文化。社会主义先进文化，指的是以马克思主义为指导，继承和弘扬中华优秀文化传统和革命文化传统、吸收借鉴世界优秀文化成果、集中体现全国各族人民在新的历史条件下的精神追求，始终代表着当代中国文化发展的前进方向。

新时代推进社会主义文化强国建设的目标任务主要包括以下几点，第一，着力提高社会的文明程度，努力推动形成适应新时代要求的思想观念、精神面貌、文明风尚、行为规范。第二，着力提升公共文化服务水平，满足人民日益增长的精神文化生活需要，不断丰富人民精神世界、增强人民精神力量。第三，着力健全现代文化产业体系，满足人民多样化文化需求，激发文化创造活力。第四，着力加强对外文化交流和多层次文明对话，秉持开放包容、互学互鉴的理念，以更自信的心态、更宽广的胸怀，深入开展同各国文化交流合作，广泛参与世界文明对话，促进对彼此文化文明的理解、欣赏和借鉴，让各国人民更好了解中国，让中国人民更好了解世界。

在马克思主义大众化传播的过程中贯彻服务大局的理念，就必须坚持马克思主义大众化传播为社会文化发展服务，社会主义先进文化在内容上是以马克思主义为指导的，在发展路径上也要符合马克思主义的文化观，作为马克思主义大众化传播的主要媒介，传媒必须充分发挥自身传承和弘扬先进文化的载体作用，讴歌时代精神，弘扬文明新风，伸张社会正义，既要准确传播有益信息，又要及时反映民意。新时代的传媒，应该立足新时代中国特色社会主义建设的实践，站在舆论的前沿，代表先进文化的前进方向，大力弘扬社会主义核心价值体系，引导人们树立正确的世界观和价值观，营造积极向上的社会舆论环境。

（四）要为维护和谐稳定服务

一个国家、一个民族若想实现长久地发展，社会的和谐稳定是必要的前提，只有社会和谐稳定才能实现经济的健康发展，才能保证国家政策的顺利推行和社会治理功效的最大化，倘若没有一个和谐稳定的社会环境，甚至连已经取得的发展成果都有可能会丧失。

当前我国经济发展正处于关键期，同时，改革也进入了深水区。伴随着经济的快速发展和改革的日益深入，社会经济成分、组织形式、就业方式和分配方式呈现多样化，这种时候更应该重视社会的和谐稳定。"道阻且长，行则将至，行而不辍，未来可期"，只有全体人民紧紧团结在党的周围，携手奋进，才能实现新时代中国特色社会主义建设的最终目标。在这一过程中，和谐稳定的社会环境尤为重要。

在马克思主义大众化传播中，传播媒体需要充分发挥自身舆论宣传的作用，充分认识到社会稳定对于国家发展的重要作用，切实抓好社会热点、难点问题的舆论引导，帮助人们更好地运用马克思主义的原理与方法论认识世界和改造世界,为新时代中国的经济建设和社会发展营造一个良好的舆论氛围。

三、坚持受众第一

(一)为什么要坚持受众第一

以人为本体现了中国共产党全心全意为人民服务的根本宗旨。在马克思主义大众化传播中,无论是新闻媒体还是教育实践,坚持受众第一就是贯彻以人为本理念的体现。

在当前社会环境和社会结构多样化、人们的思想观念和价值取向多样化、信息传播渠道和信息传播形式多样化的形势下,如何坚持受众第一的理念,在坚持基本原则的前提下最大限度地满足受众的需求,是做好马克思主义传播工作的重大课题。

从传播学原理的角度来观察,受众第一就是指大众传播媒介在信息传播过程中,要以受众的根本利益为出发点和着眼点,以满足受众获取多方面有效信息的合理要求为己任。信息传播活动是一种传播者与受众之间的双向交流活动,处理好传受双方的关系,对于实现两者间的有效传播具有重要意义。

(二)怎样坚持受众第一

1. 以受众需要为目标指向

推进马克思主义大众化的重要手段是做好以传媒为核心的思想宣传,是否满足受众的需求、是否能够被受众所接受、是否能够达到让受众满意是衡量传媒工作成功与否的重要尺度。

通过媒体开展马克思主义大众化的思想宣传工作,要使宣传的内容围绕受众的需要去做,而不是让受众去适应媒体。马克思主义大众化不是简单的教条宣传,而是通过思想宣传活动,将马克思主义与广大人民群众的生产生活实践充分结合在一起,使人民群众能够切实感受到马克思主义对实践的指导作用,并能够通过媒体的宣传和相关的教育,掌握马克思主义的相关原理与方法论，能够使用马克思主义的相关原理与方法论解决在实践中遇到的问题，满足自身的需要。同时，可以通过马克思主义大众化树立正确的价值观，更好地认识世界和改造世界。

2. 切实增进与受众的感情

在马克思主义大众化传播中，思想传播主体与受众之间的感情如何，直接影响着马克思主义大众化传播的质量和舆论引导的水平。思想传播主体与受众之间的感情深厚，就容易深入群众，采集报道出鲜活的新闻内容，传播出人民群众满意度较高的信息；倘若思想传播主体与受众之间的感情淡薄，就会在工作中脱离群众，造成新闻或舆论的内容与群众的需求与呼声不符，群众对思想宣传内容的接受度不高。因此，在马克思主义大众化传播的过程中，需要切实增进与受众之间的感情。

3. 增强与受众的互动

大众传播在过去是信息传播媒体向受众进行单向信息传播的一个过程，受众只能被动地接受信息，传媒组织发送什么信息，受众就接受什么信息，在信息内容上受众没有主动选择权，更谈不上参与信息的传播。

随着科技的进步以及经济全球化进程的加快，信息传播媒介的种类迅速增多，受众接收信息的途径也不断拓展，信息传受双方之间的关系发生了翻天覆地的变化，从传播者本位变为受众第一。受众可以自主选择自己喜爱的内容，以不同类型的网络媒体为代表的新兴媒体正是因为与受众之间建立了良好的互动关系，因此对传统媒体形成了较大的冲击。

新时代马克思主义大众化传播若想取得理想的效果，就必须顺应新时代信息传播的特点，增强与受众之间的互动，一方面优化当前的信息传播模式，使传统的信息传播模式焕发新的生机；另一方面拓展信息传播的途径，充分运用不同的传播模式增强与受众之间的互动效果，使受众能够更加主动地了解和学习马克思主义的理论与实践知识。

四、坚持真实公信

（一）信息传播公信力的构成

公信力，指的是公众信任的力量，具体到信息传播领域，指的是新闻媒体本身所具有的一种被社会公众所信赖的内在力量。它是媒体自身内在品质和外在形象在社会公众心目中所占据的位置，是衡量媒体权威性、信誉度和社会影响力的标尺，也是媒体赢得受众信赖的能力。公信力并不取决于信息传播主体的自我标榜，而是在受众的评价中产生的。信息传播公信力的构成如图 4-6 所示。

图 4-6 信息传播公信力的构成

1. 内容真实可信

新闻作为马克思主义大众化传播的重要途径，内容真实是其基本原则，新闻传播的任务就是让公众及时了解真实的信息，对于社会发展有一个更加清晰的认知。新闻的内容必须保证真实可信。此外，新闻报道还应该重视报道的全面性，能够反映时代与社会的真实情况。虚假的新闻报道会严重扰乱社会的生产生活秩序，同时也会使新闻媒体以及信息传播主体的公信力大大降低。马克思主义大众化传播的过程中，首先需要重视的就是信息传播内容的真实性。

2. 有社会责任感

信息传播主体的社会责任感是产生公信力的基础，信息传播主体只有具备良好的社会责任感，对国家、社会和受众负责，对所从事的事业负责，对播送的信息负责，才能切实提升自身的公信力。社会责任感主要体现在传播媒体的真实性、全面性、准确性、实效性、客观性、教育性等方面。

在马克思主义大众化传播的过程中，无论思想传播主体的类型和风格有何不同，都应代表着社会整体的利益，对社会公德起到建设性作用，有利于营造积极向上的社会氛围，促进社会文化的发展，这是马克思主义大众化传播中媒体社会责任感的集中体现。

3. 立场客观平衡

人们在获取、分析、传播信息的过程中往往带有主观色彩，信息传播者也不例外，而这种主观色彩为信息传播带来的最大阻碍就是容易导致信息的失真，进而造成信息传播主体公信力的下降甚至丧失。

在马克思主义大众化传播中，信息传播主体若想避免因主观色彩浓厚造成的公信力下降，就必须在信息来源、新闻内容组织以及信息传播方式等方面尽量做到客观平衡，不仅要保证内容的真实、客观，还要公平合理地分配不同社会发展领域与不同社会阶层的出镜率和曝光率。

4. 信息健康向上

在马克思主义大众化的过程中，新闻媒体所传播的新闻信息实质上是一种精神产品，一种精神产品只有符合人民群众的主流审美和整体价值认同，才能具备公信力。从整体来看，大众审美的主流意识是健康的、高尚的，因为健康的信息能够给人以精神享受，赋予人力量，催人奋进，所以，健康向上的新闻信息是适应人民群众社会心理的必然要求，同时也是信息传播主体公信力的重要来源之一。

（二）如何落实真实公信

在马克思主义大众化传播中落实真实公信，即在具体工作中贯彻真

第四章 当代马克思主义大众化传播的关键点

实公信的理念,这既是信息传播主体公信力形成的重要前提,同样也是信息传播主体在具体工作中所需要遵循的原则。马克思大众化传播中如何落实真实公信如图 4-7 所示。

图 4-7 马克思大众化传播中如何落实真实公信

1. 坚持正确的导向

坚持正确的导向,就是坚持用正确的舆论引导人,在马克思主义大众化的过程中坚持正确的舆论导向是信息传播的第一要务。

真实公信的落实与坚持正确的政治导向是密不可分的,真实公信是媒体舆论导向的前提,只有信息传播主体具有较强的公信力,其传播的信息才能被大众所信任和接受,才能充分发挥导向作用。坚持正确的政治导向则是信息传播主体公信力的保障,在马克思主义大众化传播中,作为主要信息传播主体的媒体,在信息传播中只有做到内容真实可信,舆论导向正确,才能保证将自身的公信力落到实处。

2. 增强社会责任感

社会责任感对于媒体来说十分重要,媒体的公信力在很多时候体现在公众对于媒体所承担的社会责任的认可程度上,可以说,媒体的社会责任感是媒体公信力的重要源泉。

媒体的责任感要求媒体不能一味追求经济效益，在工作中要将社会效益摆在一个十分重要的位置。在马克思主义大众化的过程中，媒体不仅要对上负责，发挥"喉舌"的作用，而且要对下负责，充分运用舆论优势，切实指导人民群众能够更好地认识和理解马克思主义的世界观与方法论，能够运用马克思主义更好地指导生产生活实践的开展。

3. 严守职业道德

职业道德是信息传播从业人员在职业活动中所必须遵循的道德规范和行为准则，对于传媒行业来说，媒体公信力产生和维持的重要基础就是媒体从业人员的职业道德意识与社会责任感。在当代马克思主义大众化传播的过程中，媒体更应严守职业道德，在工作中要以国家和社会的发展为主要的考量对象，将人民群众的利益放在首位，注重社会效益，只有这样，才能赢得广大人民群众的信赖，提升自身的公信力。

4. 实施品牌战略

实施品牌战略，提升自身的品牌影响力是落实真实公信的重要举措之一。实施品牌战略需要依靠高质量的言论及大众喜闻乐见的宣传方式。媒体有了品牌，就有了影响力，就能在舆论宣传领域发挥更大的作用。随着时代的发展，信息量迅速增加，不同类型的媒体如雨后春笋般涌现，这时候，品牌效应相对较高的媒体往往成为人们的首选。

作为媒体，若想推进品牌战略，提升自身的品牌效应，就需要立足于实践，充分利用自身的优势，精心策划，打造属于自己的品牌形象，培育出核心竞争力。在马克思主义大众化传播的过程中，信息传播主体应该通过实施品牌战略，不断提高舆论引导的能力，使人们能够在马克思主义理论的指导下更有效地开展生产生活实践。

第五章　当代马克思主义大众化传播的新境遇

第一节 马克思主义大众化传播的机遇

一、经济全球化趋势深入发展

（一）经济全球化的概念

"经济全球化"这一说法自20世纪80年代中期被提出，至今已有三十余年的时间。"经济全球化"无论在学术界还是社会话题中，始终属于当之无愧的热词。特别是自20世纪90年代以后，经济全球化已经成为政治学研究的重要背景，在经济研究领域也成了难以绕开的话题。经济全球化这一概念也通过电视、报纸、书籍等信息传播媒介从学术研究领域逐渐走进大众的视野，被大众所熟知。

对于经济全球化的概念，至今学术界还没有统一的定论，这是因为经济全球化作为一种世界发展的趋势，涉及的领域众多，包含的内容十分庞杂，难以对其进行简单的概括。学术界从不同角度诠释对经济全球化的理解。

政治学认为经济全球化是一种国与国之间互相影响不断加深的过程。经济全球化背景下，国与国之间的联系日益密切，相互影响不断加深。主权国家的战略目光向域外扩展，在全球范围内进行战略部署，国家之间的合作日益增多，合作内容向多领域与深层次发展。国际组织的作用日益突出，非国家行为体之间的交流日益密切。

经济学家从经济学视角审视经济全球化，认为经济全球化的重要表现是跨国经济互动的增强，国家之间的经济交流日益密切，国与国之间经济依赖不断加深，商品开始广泛在全球范围内流通。

（二）经济全球化趋势深入发展为马克思主义大众化带来机遇

随着时代的发展，经济全球化趋势不断加深，国与国之间的联系日益紧密，国家之间的经济、社会文化交流不断深入。经济方面，国与国之间的经济往来日益密切，世界市场的活力不断提升，跨境贸易的新业态、新平台、新理念如雨后春笋般涌现。社会文化方面，不同国家之间的文化交流十分活跃，传播技术的进步使得人们足不出户便能接收到全球各地的先进文化。进入新时代，我国坚持提升对外开放水平，一方面，在与世界各国的合作与交流中学习先进的技术、汲取有益的知识，为推进新时代中国特色社会主义的建设营造良好的国际环境。另一方面，为全球治理贡献中国智慧，为全人类的发展贡献中国力量。

马克思主义大众化对于新时代中国特色社会主义建设的意义十分重大，只有坚持推进马克思主义大众化，才能使广大的人民群众在科学理论的指导下参与到新时代中国特色社会主义的建设中来。经济全球化趋势的不断加深为当代马克思主义大众化提供了机遇。

首先，经济全球化趋势的深入发展有效促进了世界各国之间的思想文化交流，这种思想文化交流可以让人们发现世界上一些有益的思想文化成果，帮助人们打破思维的禁锢、促进观念的转变、从传统的思维中跳脱出来，在坚持马克思主义基本原理的基础上，更加全面地认识和理解马克思主义，更加灵活地运用马克思主义解决实践中遇到的问题，吸收人类社会优秀的文明发展成果，赋予马克思主义时代特色，不断丰富和发展马克思主义。

其次，经济全球化趋势的深入发展加快了中国文化迈向世界的步伐。中国拥有源远流长的历史和丰富多彩的文化，但是长久以来，我国文化在世界范围内的传播并未取得很大的成效。随着改革开放的不断推进，特别是新时代以来，我国综合国力的显著增强使得我国在世界上的影响力不断提升，坚持提升对外开放水平也使得世界各国人民能够听到更多中国的声音，全球化趋势的深入发展提升了我国加快文化建设、向全球输出中国价值观的紧迫感与自觉性，推动了包括建设孔子学院、举办中国年等一系列推广汉语、传播中华文化的活动在全球范围内的风靡。

在中国共产党第二十次全国代表大会上，习近平总书记也对中华文化在世界范围内的传播作出了重要指示，提出要增强中华文明传播力影响力。坚守中华文化立场，提炼展示中华文明的精神标识和文化精髓，加快构建中国话语和中国叙事体系，讲好中国故事、传播好中国声音，展现可信、可爱、可敬的中国形象。加强国际传播能力建设，全面提升国际传播效能，形成同我国综合国力和国际地位相匹配的国际话语权。深化文明交流互鉴，推动中华文化更好走向世界。习近平总书记关于文化传播的论述是立足于经济全球化不断深入发展的趋势，对中国文化未来的发展方向作出的精准判断，为中国文化的传播工作描绘出了宏伟的蓝图。

马克思主义大众化的任务不仅仅是向广大的人民群众传播马克思主义的理念，还包括在传播过程中不断丰富与发展马克思主义，将其融入中国的文化体系之中。马克思主义大众化可以凭借经济全球化趋势深入发展的良好条件，在马克思主义大众化、中国化、时代化的基础上，紧随中国文化输出的步伐，形成中国的话语参与到与世界文化之间的交流与对话之中去。

二、科技进步促进信息传播的发展

（一）拓宽了人们获取信息的渠道

科技的进步，特别是网络技术的迅速发展，在很大程度上拓宽了人们获取信息的渠道。早期马克思主义大众化的传播渠道主要包括报纸、杂志、图书、演说等。这些传统的信息传播方式无论在传播效率上还是在传播对象的规模上都存在一定的局限性。

例如，在早期的马克思主义大众化过程当中，通过课堂传播马克思主义的方式，基本集中在大学之中，而我国大学生的规模在当时来说相对较小，大众一般难以接触大学课堂，因此，通过课堂进行马克思主义大众化传播的对象仅限于一小部分人群。报刊与书籍是马克思主义大众化有效的传播途径，但是通过报刊与书籍了解马克思主义的人群一般是对马克思主义有所耳闻，希望深入了解的人群，或是有阅读需求的人群，因此，其受众规模亦有限。可以看到，在传统马克思主义大众化传播的过程中，人们了解和学习马克思主义理论的途径也相对较少。

随着科学技术的进步，传播技术也迎来了巨大的变革，从计算机走进千家万户到智能手机的普及，人们获取信息的主要方式逐渐从纸张迈向网络，人们足不出户便能接收到大量的信息。传统的信息传播模式也随着时代的发展不断进行自我优化与革新。例如，当今时代，教学活动不再局限于学校的教室，不同类型线上课堂的崛起，使得知识传授可以挣脱时空的限制，方便了人们对于不同类型知识的学习。传统的报刊与图书企业将自己的业务拓展到网络之上，包括网上售卖书籍、开发电子图书等，使人们能够更加方便地获取图书相关信息。

（二）提升了信息传播的效率

效率对于信息传播来说十分重要，这里的效率既包括信息由传播者输出给受传者的效率，也包括受传者反馈信息给传播主体的效率。

对于传播者来说，信息传输的效率直接影响到受传者接收信息的主动性与积极性，也直接影响到其开展文化、思想与理论宣传工作的效率。从信息传播的发展历史可以看出，效率低下的信息传播方式必然会逐渐被历史所淘汰，至少在大众传播层面，信息传播的效率直接影响着一种传播方式的兴衰存亡。

对于受传者来说，其接收与反馈信息的效率直接影响到其信息传播方式的选择。例如，在新闻传播方面，网络传媒的效率要远高于报刊和杂志，人们可以在第一时间通过计算机或智能手机了解正在发生的时事新闻，且人们可以在网络上更加便利地表达自己的想法，对具体事件进行评论，对传播服务进行评价。这种在接收与反馈信息效率上的优势促使网络取代报刊成为当今时代新闻传播的主要平台。高效的反馈机制能够帮助信息传播主体进一步优化自身的服务，提升自身的市场竞争力。

在传统马克思主义大众化传播的过程中，人们若想进一步了解具体的马克思主义理论，就需要根据自身的需求去寻找合适的书籍，或者采取其他的低效率渠道。而在当今时代，人们只需要借助先进的传播技术，就可以在不同类型的宣传与学习平台找到自己所希望获取的知识，从受传者的角度出发，这种主动搜索信息的方式也是信息传播效率提升的鲜明体现。在受传者获取信息的主动性上，基于网络技术的现代性传播手段相较于传统的信息传播手段具有无可比拟的优势。

三、良好的文化传播环境

任何事物的发展，任何工作的开展都离不开一定的环境，新时代为马克思主义大众化的发展提供了良好的文化传播环境。当代马克思主义大众化的文化传播环境如图5-1所示。

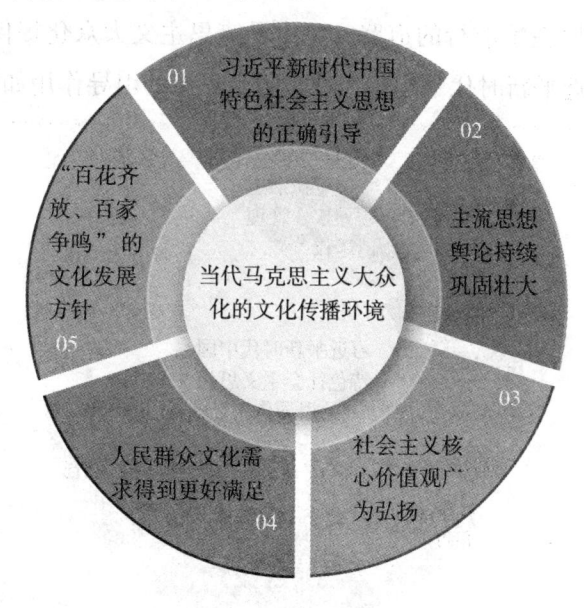

图 5-1 当代马克思主义大众化的文化传播环境

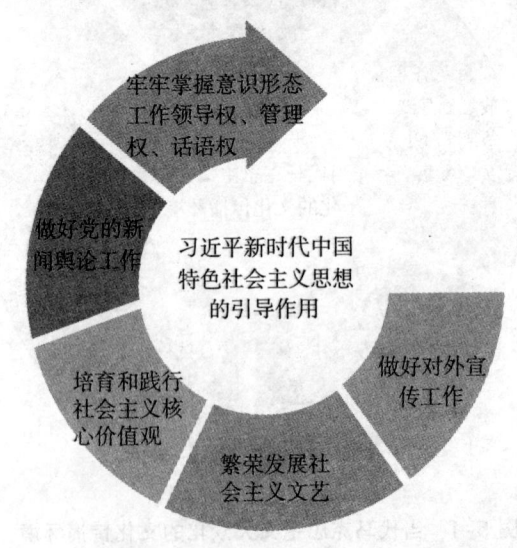

（一）习近平新时代中国特色社会主义思想的正确引导

1. 习近平新时代中国特色社会主义思想对于宣传思想文化工作的重要性

推进新时代中国特色社会主义建设离不开思想灯塔的指引，同样，当代马克思主义大众化的推进也离不开正确思想的领航。作为马克思主义中国化最新成果的习近平新时代中国特色社会主义思想既是当代马克思主义大众化的重要组成部分，也是指引当代马克思主义大众化不断向前发展的思想明灯。

习近平总书记关于宣传思想文化工作的重要思想，内容丰富、论述深刻，把党对宣传思想文化工作的规律性认识提升到一个新的高度，是习近平新时代中国特色社会主义思想的重要组成部分，为做好宣传思想文化工作指明了前进方向、提供了根本遵循。

2. 习近平新时代中国特色社会主义思想为马克思主义大众化提供了正确的思想引导

习近平新时代中国特色社会主义思想不仅为新时代中国特色社会主义建设事业照亮了前行的道路，也为马克思主义大众化提供了正确的思想引导。习近平新时代中国特色社会主义思想的引导作用如图 5-2 所示。

图 5-2 习近平新时代中国特色社会主义思想的引导作用

（1）牢牢掌握意识形态工作领导权、管理权、话语权。习近平总书记强调我党在开展思想文化宣传工作的时候应该牢牢掌握意识形态工作领导权、管理权、话语权。作为一种思想传播活动，马克思主义大众化必须坚持党的领导。

在中国共产党第二十次全国代表大会上，习近平总书记强调，要建设具有强大凝聚力和引领力的社会主义意识形态。意识形态工作是为国家立心、为民族立魂的工作。牢牢掌握党对意识形态工作领导权，全面落实意识形态工作责任制，巩固壮大奋进新时代的主流思想舆论。健全用党的创新理论武装全党、教育人民、指导实践的工作体系。

我国马克思主义大众化的历史经验表明，党的领导能够为推进马克思主义大众化提供思想保证、理论保证和组织保证，只有坚持党的领导，将意识形态工作的领导权、管理权、话语权牢牢掌握在党的手中，才能确保马克思主义大众化的工作拥有扎实的推进主体，拥有科学的理论指导，不会偏离正确的发展道路。

（2）做好党的新闻舆论工作。新闻舆论工作对社会思潮与广大人民群众的价值取向有着非常重要的引导作用，马克思主义大众化作为一种思想宣传活动，不仅体现在马克思主义基本理论及其中国化成果本身的宣传上，还体现在舆论的引导上，不仅要将马克思主义的科学原理灌输给人民群众，还要引导人民群众自觉学习和运用马克思主义。

做好党的新闻舆论工作，营造良好舆论环境，是治国理政、定国安邦的大事，也是科学推进马克思主义大众化的重要保障。在新闻舆论工作中，必须牢牢坚持党性原则、坚持马克思主义新闻观、坚持正确舆论导向、坚持正面宣传为主，让主旋律更响亮，让正能量更强劲，让党的主张成为时代最强音。党和国家重视新闻舆论工作，为马克思主义大众化的不断推进创造了良好的舆论环境。

（3）培育和践行社会主义核心价值观。社会主义核心价值观是新时代中国精神的集中体现，凝结着全体人民共同的价值追求。社会主义核心价值观是当代马克思主义大众化的重要内容，培育和践行社会主义核心价值观，不仅能帮助广大人民群众树立正确的价值取向，还能使人民群众在正确思想的指导下学习、掌握马克思主义，并将马克思主义科学运用到具体的实践当中。

（4）繁荣发展社会主义文艺。习近平总书记在2014年的文艺工作座谈会上指出，文艺是时代前进的号角，最能代表一个时代的风貌，最能引领一个时代的风气。习近平总书记关于文艺工作的重要思想是指导我国推动文艺事业繁荣兴盛的根本遵循。文艺作品具有较强的美育与德育功能，能够通过激发人们的感性情绪来传递正确的价值观。同时，文艺工作也是当代马克思主义大众化的重要载体，马克思主义大众化的传播主体可以通过推出更多有价值、有筋骨、有内涵、有道德、有温度的文艺作品来推进马克思主义大众化的发展，在这一过程中，马克思主义大众化的传播主体需要立足新时代，坚持以人民为中心的创作导向。党和国家对社会主义文艺事业的重视，为马克思主义大众化的传播打下了良好的基础。

（5）做好对外宣传工作。推进马克思主义大众化，不仅需要在国内做好马克思主义大众化的传播工作，还需要放眼世界，做好对外宣传工作。习近平总书记强调，做好外宣工作，需要推进国际传播能力建设，讲好中国故事，展现真实、立体、全面的中国，提高国家文化软实力。同时要将马克思主义大众化的优秀成果在世界范围内推广，在与世界文明的交流之中，广泛吸取有益的文化元素，丰富和发展当代马克思主义。党和国家对于宣传工作的重视，为马克思主义大众化在更大范围内的发展提供了保障。

（二）主流思想舆论持续巩固壮大

笔者在前文已经探讨过舆论的重要性，即舆论具有重要的导向作用，首先可以正确引导群众，帮助群众更好地认识和理解真理，更好地把握政策。其次，舆论能够反映广大人民群众的呼声，体现人民群众需求，能够将群众分散的意见通过传播媒体反映出来，形成一股强大的力量，推动新时代中国特色社会主义事业向前发展。

主流思想舆论即在社会上占据主要话语权，或者能够体现大多数群众呼声的舆论。主流思想舆论对广大社会成员的思想和行动具有直接的影响，对新时代中国特色社会主义事业的建设具有重要影响，当然，对当代马克思主义大众化的推进也具有重要的影响。因此，巩固主流思想舆论是党的宣传工作中一个需要高度重视，不能掉以轻心的原则性问题。

党需要把握正确的舆论导向，坚持用正确的舆论导向引导人民群众，同时注意做好负面舆论的处理工作，为新时代中国特色社会主义建设提供良好的舆论环境。这既是凝聚人心，团结人民，汇集力量，共同开展新时代中国特色社会主义建设的要求，也是新时代推进马克思主义大众化的必然需求。

党的十八大以来，我国的思想宣传工作能力得到了进一步的提升，取得了显著的成效，主流思想舆论持续巩固壮大，广大的人民群众紧密团结在以习近平同志为核心的党中央周围，在习近平新时代中国特色社会主义思想的指引下，党带领人民群众在政治、经济、文化与生态文明建设上取得了良好的建设成绩，这无疑为当代马克思主义大众化的推进提供了一个良好的舆论环境。

（三）社会主义核心价值观广为弘扬

社会主义核心价值观以培养担当民族复兴大任的时代新人为着眼点，强化教育引导、实践养成、制度保障，发挥社会主义核心价值观对国民教育、精神文明创建、精神文化产品创作生产传播的引领作用，把社会主义核心价值观融入社会发展各方面，转化为人们的情感认同和行为习惯。

社会主义核心价值观的提出让广大的人民群众了解了在中国特色社会主义建设的新时代，中国共产党要如何带领人民在马克思主义的指导下推进中国特色社会主义的建设，以及在这一过程中营造什么样的社会氛围和思想文化环境。社会主义核心价值观也对人民提出了更高的要求，让广大的人民群众进一步明确应该如何要求自我、规范自我、管理自我、发展自我，有利于帮助人们树立正确的世界观、人生观和价值观。

社会主义核心价值观的广为弘扬，帮助广大的人民群众能够更好地理解马克思主义、毛泽东思想、邓小平理论、"三个代表"重要思想、科学发展观与习近平新时代中国特色社会主义思想，为马克思主义大众化推进提供了良好的精神文化土壤，营造了良好的文化传播环境。

（四）人民群众文化需求得到更好满足

国家的发展是一个社会各领域全面提升的过程，在新时代中国特色社会主义建设的过程之中，需要重视政治、经济、文化、社会、生态等各领域的协同发展，这既是新时代中国特色社会主义建设的题中应有之意，也是新时代中国特色社会主义建设能够更好开展所必需的环境保障。文化建设作为新时代中国特色社会主义"五位一体"总体布局的重要组成部分，受到国家的高度重视。

随着时代的发展，人民群众的物质文化需要不断提升。迈入新时代以来，中国共产党继续坚持以人民为中心的工作导向，为人民服务、对人民负责，坚决贯彻从群众中来到群众中去的工作方法，大力繁荣文艺创作，涌现出一大批优秀的文艺作品，其中有反映人民自强不息，弘扬社会主义核心价值观的影视作品，也有传播优秀传统文化，展示中国艺术积淀的舞台作品，还有歌颂中华民族壮阔历史，普及先进文化的电视节目。

在鼓励优秀文艺创作的同时，国家还大力推进公共文化服务的建设，积极推进城乡公共文化服务体系一体建设，深入实施文化惠民工程，推动中华优秀传统文化创造性转化、创新性发展，为人民群众提供了更为丰富、更有营养的"精神食粮"。

在中国共产党第二十次全国代表大会上，习近平总书记再次强调了文艺工作的重要性，提出要坚持以人民为中心的创作导向，推出更多增强人民精神力量的优秀作品,培育造就大批德艺双馨的文学艺术家和规模宏大的文化文艺人才队伍。坚持把社会效益放在首位、社会效益和经济效益相统一,深化文化体制改革,完善文化经济政策。实施国家文化数字化战略,健全现代公共文化服务体系,创新实施文化惠民工程。健全现代文化产业体系和市场体系,实施重大文化产业项目带动战略。加大文物和文化遗产保护力度,加强城乡建设中历史文化保护传承,建好用好国家文化公园。坚持以文塑旅、以旅彰文,推进文化和旅游深度融合发展。

当前,我国无论从先进文化创作与宣传上,还是从公共文化服务体系的建设上,都取得了显著的进步,大量优秀文艺作品的涌现极大地丰富了人民群众的精神世界,公共文化服务体系的不断完善则为满足人民群众的精神需求提供了更多的渠道。在广大人民群众的文化需求得到更好满足的同时,重视文化发展、重视精神文明建设的社会氛围也变得越来越浓厚,人民的精神文化素养与思想道德素质得到不断提升,这为当代马克思主义大众化的推进奠定了良好的社会文化基础。

(五)"百花齐放、百家争鸣"的文化发展方针

在中国共产党第二十次全国代表大会上,习近平总书记再次指出要坚持"百花齐放、百家争鸣"的文化发展方针,要坚持马克思主义在意识形态领域指导地位的根本制度,坚持为人民服务、为社会主义服务,坚持百花齐放、百家争鸣。这一方针体现了新时代国家对于文化事业发展的重视,并指出文化的自由发展应该坚持马克思主义的指导。

"百花齐放、百家争鸣"的文化发展方针,是由毛泽东提出,经中共中央确定的发展社会主义文化艺术和科学事业的长期性的方针。基本点是艺术问题上百花齐放,学术问题上百家争鸣。中国共产党第二十次全国代表大会对于此方针的强调体现了我党坚决贯彻"百花齐放、百家争鸣"的文化发展方针和推进社会主义文化建设事业不断发展的决心。

马克思主义大众化的进程既是马克思主义大众化传播的过程,也是

马克思主义理论体系不断丰富和发展的过程。"百花齐放、百家争鸣"的文化发展方针，为马克思主义大众化营造了一个宽松、自由的文化环境，能够充分调动马克思主义大众化传播主体的积极性，使其能够充分发挥主观能动性，灵活采取多种形式推进马克思主义大众化的发展。

第二节 马克思主义大众化传播模式的新变化

一、马克思主义大众化传播模式概述

（一）传播模式的概念

了解传播模式的概念，首先需要对"模式"的含义有一个清晰的认知。"模式"一词在现代社会中经常被提及，指的是主体行为的一般方式，是一种标准化的形式或者样式，是理论与实践的中介。《现代汉语词典》将模式解释为"某种事物的标准形式或使人可以照着做的标准样式"。因此，想要理解模式的概念，必须充分结合动态与静态两方面对其进行解读，既要看到复杂事物的内在构成结构，还要看到事物组件与运行的基本逻辑与规律。任何模式都是现实中的事物及其运行过程的理论再现，是对事物构成、运行和发展规律的高度概括，是人们认识成果最典型、最集中的体现，对于人们认识世界与改造世界具有重要的指导意义。当然，模式并非一成不变的，任何模式都存在一定的局限，因此，其具有时代性与发展性，需要在实践中不断进行完善和发展。

明确了模式的概念之后，传播模式的内涵就跃然纸上了。传播模式即信息传播所应遵循的基本样式，既规范了信息传播系统内部各要素的关系，也规定了信息传播的基本运行机制。信息传播模式大致可以分为

第五章 当代马克思主义大众化传播的新境遇

两类,分别是线性传播模式与新型控制论的传播模式。

线性传播模式是一种在传统传播活动中常见的传播模式,这种传播模式相对简单,即信息传播的过程是信息从传播主体出发,通过信息传播的媒介,最终到达受传者一方的单向信息传播模式。这种信息传播模式的典型代表是传统的图书与报刊。

新型控制论的传播模式是由美国学者施拉姆提出的,他将反馈机制引入新型控制论中,将互动的理念引入信息传播活动之中,将信息传播的过程分解为信息的发送过程与信息的反馈过程,并将其与信息传受双方的互动过程联系起来,使信息传播成为一种在传播者与受传者之间的循环往复的过程。这种传播模式若想实现进一步的发展,就需要信息传受双方根据反馈的内容调整、优化自身的行为,进而使整个循环系统始终处于一种良性的循环可控的状态。

(二)马克思主义大众化传播模式的内涵

在了解了传播模式的概念与基本类型后,对于马克思主义大众化传播模式的理解就更加方便了。当代中国马克思主义大众化传播模式,是马克思主义大众化进行传播所应当遵循的基本样式。

首先,从静态的角度观察马克思主义大众化,可以知道它深刻揭示了马克思主义大众化传播过程中传播主题、传播内容、传播对象、传播媒介等主要构成要素之间的内在结构关系,充分体现了当代马克思主义大众化传播系统的整体性。

其次,从动态的角度观察,可以看出马克思主义大众化传播模式揭示了在马克思主义大众化传播过程中传播主体、传播对象、传播媒介与传播内容之间的互动关系,以及信息传播系统的整体运行机制,是一种动态信息传播逻辑的反映。

二、马克思主义大众化传播模式的新变化

（一）新媒体成为马克思主义大众化传播的重要途径

1. 新媒体的内涵

媒体是马克思主义大众化传播的主阵地，科技的发展表现在传媒领域，就是催生并快速推动了新媒体的发展。新、旧媒体之间最大的区别就在于对"需要"的理解上，传统媒体始终重视自身的发展，因此，其开展业务时首要考虑的问题往往是自身需要什么，这在本质上是由于信息传播渠道较少导致的。在传统的信息传播活动中，媒体作为信息传播的主体，具有较强的话语权，信息一般是一个单向的传播过程，即媒体将信息单向传递给受众，受众只能被动地接受媒体发出的信息。

随着传播理念与传播技术的发展而诞生的新媒体，是利用数字技术，通过计算机网络、无线通信网、卫星等渠道和电脑、手机、数字电视机等终端，向用户提供信息和服务的传播形态。

新媒体的概念最早是由美国人戈尔德马克提出的。他在一份商品开发计划书中首次提出这一概念，在此之后，新媒体一词逐渐在美国得到了广泛的应用，并广泛传播到了全世界。

联合国教科文组织对新媒体的定义是："新媒体就是网络媒体。"联合国教科文组织对新媒体的定义简单干练，强调了信息传播载体的变化，但是，这个定义更像是对新媒体进行了简单的名词解释，并没有详细阐述新媒体的具体内涵及其与传统媒体的本质区别，没有揭示新媒体在传播内容和传播模式方面的变化。

《新媒体百科全书》的作者琼斯选择从媒体的发展历程中总结新媒体的概念。他认为新媒体并非一个具体、固定的概念，而是一个模糊、相对的概念，新媒体实际上表达的是信息传播技术与媒介的演进过程，如报刊相对于图书来说就是新媒体，电视相对于广播来说是新媒体，新是相对于旧而言的。人们普遍认为以网络技术为载体的传播方式是新媒体，

第五章　当代马克思主义大众化传播的新境遇

这也是相对于传统的信息传播方式来说的。随着传播技术的发展，网络传媒也终将成为传统媒体。琼斯认为新媒体是一个时间概念，他认为新媒体应该有一个稳定的内涵，但只是在特定的信息传播发展阶段之中。新媒体是一个发展的概念，科学技术的发展不会终结，人类的需求不会终结，新媒体的内涵也会无限地发展和延伸，不会停留在任何一种信息传播方式之上。

目前关于新媒体概念的研究中，大部分学者选择从当前信息传播发展的技术条件入手考察新媒体的概念。笔者也选择从当前普遍的传播技术发展方面来考察新媒体的概念，即新媒体指的是依托数字技术与网络技术等新技术向受众提供信息传播服务的媒体形态，包括互联网新媒体、手机新媒体、电视新媒体等。

2. 新媒体的特征

与传统的信息传播方式相比，新媒体具有诸多鲜明的特征。新媒体的特征如图 5-3 所示。

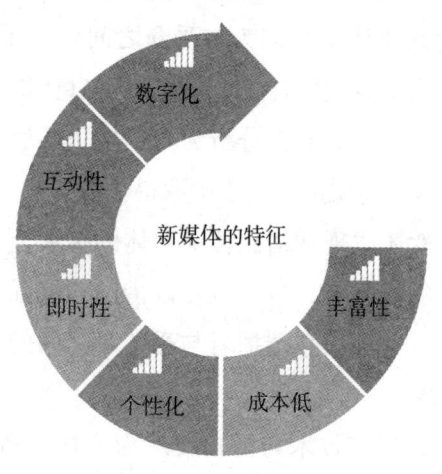

图 5-3　新媒体的特征

（1）数字化。数字化是新媒体最为显著的特点之一，在对新媒体的普遍认知中，其最大的特点就是依托数字技术与网络技术进行信息的传播，即运用数字化的传播方式进行信息传输，这是其与传统媒体最大的不同点。新媒体传播的一系列优点都是基于数字化特点产生的，如高效率，低成本及信息的丰富性等，都是信息技术为新媒体带来的巨大优势。

（2）互动性。现代传播理念强调信息的互动。在传统的信息传播中，信息传播一般表现为信息传播主体向受传者进行单向信息传播的一个过程，在这一过程中，受众只能被动地接受信息，传播主体发送什么信息，受众就接受什么信息。在信息内容上受传者没有主动选择权，更谈不上参与信息的传播，传播者是信息传播的绝对主体。

随着科技的进步以及经济全球化进程的加快，以数字技术与网络技术为载体的新媒体得以诞生，使得信息传播媒介的种类迅速增多，受众接收信息的途径也不断拓展，信息传受双方之间的关系发生了翻天覆地的变化，从传播者本位变为受传者第一。受传者可以自主选择自己喜爱的内容，也可以将自己对信息传播的意见与建议及时反馈给传播主体，或者能够在第一时间针对具体的信息表达自己的观点。以不同类型的网络媒体为代表的新兴媒体正是因为与受众之间建立了良好的互动关系，因此对传统媒体形成了较大的冲击。新媒体可以凭借技术优势及时接收受传者的反馈，或者基于大数据分析为人们推送其感兴趣的内容，以争取用户资源，在激烈的传媒市场竞争中取得优势。

新媒体的互动性还体现在信息传播主体的扩大上，传统的信息受传者不再单纯是信息的接收者，自身也可以借助功能强大的新媒体平台成为信息传播的主体。这种信息传播者与受传者之间的灵活转换也是新媒体互动性的显著体现。

（3）即时性。以数字技术与网络技术为依托的新媒体在信息传播、反馈、互动等方面具有更强的即时性。信息的高效率传输是数字技术与网络技术相比于传统信息传播方式来说最为显著的优点，新媒体的信息传播速度是传统媒体所不能比拟的。

新媒体的信息接收和传播都是在非常短的时间内完成的，甚至是实

第五章 当代马克思主义大众化传播的新境遇

时的，这大幅提高了媒介的传播效率。而且新媒体突破了原有信息传递的地域限制。新媒体依靠互联网传播，只要互相有接收设备，信息可以在更为广阔的全球范围内传播。

（4）个性化。新媒体个性化的特征是基于其强大的数据存储、分析与交互能力而产生的。以互联网为基础，新媒体可以帮助用户实现其个性化的需求。随着数字技术与互联网技术的突飞猛进，从信息传播领域来看，当今时代已经转变为一个"受众个性化"时代，用户不再是被动接受信息的受众，而是可以根据自己的兴趣主动搜寻、获取信息的信息选择者，甚至是信息的制作者和传播者，用户真正成为信息传播的主体。

新媒体的个性化与互动性是紧密相连的，通过高效的互动机制，新媒体的信息传播者与信息受传者之间能够形成良好的信息交流模式，新媒体根据用户的特点与偏好向其提供满足其各种个性化需求的服务，使得新媒体时代的信息传播真正成为一个良性运转、不断发展的系统。

（5）成本低。低成本同样是新媒体不同于传统媒体的地方。传统媒体，无论是书籍、报刊、电视还是通信设施，其传播信息的过程中均会产生大量的成本，如纸张的费用以及基础设施建设的费用等，在这一过程中难以避免地造成了资源的浪费。

新媒体则不同，数字技术与网络技术的快速发展使得新媒体在设备、信息收集、信息加工、信息传输、数据分析等环节的成本不断降低，同时，使信息传输的效率大大提升，在此过程中还节约了资源、节省了社会劳动力。正是由于新媒体低成本、高效率的特点，才使得其逐渐取代传统媒体成为当代信息传播的主要途径。

（6）丰富性。新媒体的丰富性主要体现在其信息内容的承载量上，由于新媒体是借助网络技术进行信息的收集、储存、分析与传输的，因此，相比于传统媒体，其能够承载、加工和处理更加丰富的信息，这种丰富性不仅体现在数据的总量上，还体现在数据的类型上。

首先，基于现代科学技术条件下强大的信息存储功能，新媒体可以集成多种媒体信息，存储大量的过往信息，即时获取大量的最新信息，并能够实现不同媒体信息的高效整合。

其次，新媒体可以实现不同类型技术的集成，包括但不限于图像处理技术、文字处理技术、声音处理技术、网络通信技术、数据分析技术、信息管理技术等。不同类型的技术可以充分运用在新媒体的信息收集、制作与传输的过程之中，从而提升新媒体信息传播的质量。

最后，新媒体可以实现多种媒体设备的集成，录像机、数码相机、录音机等不同设备可以通过数字与网络技术使信息进行充分的连接，更好地处理和传递信息。

3. 新媒体对于马克思主义大众化的促进意义

作为时代的产物，新媒体自诞生伊始，其便凭借自身优良的特性获得快速发展，并逐渐成为现代信息传播的主要方式之一。新媒体同样重视"需要"，而这里的"需要"，并非单纯指自身发展的需要，更指的是人民群众的需要、市场的需要以及时代发展的需要。新媒体对需要的关注集中体现在其信息传播的互动性上和新媒体的信息传播方式上。传播的过程起始于传播主体，但并不是终于信息接收者，而是回归到传播主体，呈现为一种循环往复和螺旋上升的结构。这一过程使传播的反馈作用得到了充分的发挥，不仅传播了信息，还给予受传者的需求以足够的尊重，充分体现了现代传播过程的互动性与发展性。

运用新媒体推动马克思主义大众化，可以让广大人民群众更加便利地开展马克思主义理论的学习，以数字技术为代表的新媒体，其最大特点是打破了媒介之间的壁垒，打破了传播者与接收者之间的边界。

当代中国马克思主义大众化从本质上来说也是一种社会互动行为，因为当代中国马克思主义大众化的目的不仅是将马克思主义的基本理论传递给人民，而是构建一个完整、科学的信息传递、交流、互动系统。这个系统的运行过程就是将马克思主义理论转换成广大人民群众易于接受、乐于接收的信息符号，并将其按照传播主体所设计的各种途径和方式传递给广大的人民群众。

在这一过程中，马克思主义大众化的传播主体不仅需要将马克思主义理论及其中国化成果准确无误地传递给广大的人民群众，还需要了解群众的需要，聆听群众的呼声。相比于传统媒体，以数字技术与网络技术为依托的新媒体在信息传播、反馈、互动等方面具有显著的优势，可以实现海量信息准确、高效地传播，既能帮助人民群众接收到更多、更好、更新的马克思主义理论成果与相关信息，还能通过人民群众的反馈，帮助马克思主义大众化的传播主体及时调整和优化自己的传播方式，不断提升马克思主义大众化传播的质量。

4. 新媒体需要当代马克思主义的引领

新媒体的发展与马克思主义大众化之间是一个辩证统一的关系，新媒体为马克思主义大众化提供了良好的信息传播平台，反之，新媒体自身若想实现更好的发展，也离不开当代马克思主义的引领。

理论来源于实践，马克思主义正是在对人们长期的生产生活实践进行全面总结和深入分析的基础上形成的一种科学的理论。科学的理论对实践具有良好的指导作用，马克思主义在人们认识世界和改造世界的过程中发挥着重要的作用，能够为人们提供科学的世界观与方法论。

新媒体作为时代的产物，其产生与发展都离不开时代的进步。先进的事物离不开先进理论的指导，新媒体若想在新时代获得更进一步的发展，就必须坚持马克思主义的科学指导，只有这样，新媒体的发展才能拥有坚实的根基。

新媒体在具备诸多优势的同时，也难以避免存在着一些弊端，其中之一就是由于信息量大以及信息传播主体的多元化导致的信息内容的杂乱，为一些不符合社会主义先进文化发展方向的信息的传播提供了便利。马克思主义能够为新媒体在新时代的发展提供科学的理论指导，保证新媒体的发展不偏离正确的道路。

（二）广泛传播与精准传播相结合

广泛传播指的是广泛开展信息传播，即在较大的范围内通过多种路径进行某类信息的全面传播，广泛性是其最重要的特性，广泛传播的"广泛性"集中体现在传播主体的广泛、传播内容广泛、传播对象的范围广泛、传播路径广泛等方面。精准传播则与广泛传播相对应，精准传播是将某类信息进行分类整合，有针对性地进行传播。精准传播会通过网络大数据技术对信息接收者的偏好、习惯、诉求等进行分析，向用户推送适合的信息。马克思主义大众化作为一个信息传播的过程，其传播方式需要与时俱进，这样才能取得更好的成效，当代马克思主义采取的是广泛传播与精准传播相结合的方式。

我国传统的马克思主义大众化一般采用广泛传播的形式，目的是全面推进马克思主义大众化，但随着时代的发展，信息传播方式有了翻天覆地的变化，网络信息过载现象严重，单纯的广泛传播已经不再符合当今时代的信息传播特征，马克思主义大众化若想在这个信息过载的时代取得良好的传播效果，就必须在保持广泛传播的基础上，重视精准传播，不但要让人们广泛了解马克思主义的观点和理论，还要让人们深入了解马克思主义的内涵，因为马克思主义大众化的最终目的是让广大的人民群众能够自觉地运用和传播马克思主义。倘若人民群众对马克思主义没有一个相对深入的了解，那么又何谈运用与传播呢。

第三节 马克思主义大众化传播的挑战

一、经济全球化对马克思主义大众化带来的挑战

（一）经济全球化对民族、国家意识的削弱

经济全球化使世界各国之间的政治、经济、文化联系日益紧密，网络技术的发展与交通方式的进步也使得各国之间的社会交流日益频繁。从经济领域来说，世界市场不断扩大，跨国公司蓬勃发展，以跨境电子商务为代表的国际贸易也取得了长足的发展。从政治领域来说，不同的国家共同参与到全球治理中来，国际组织的数量不断增多、功能不断丰富、国家之间的合作领域不断拓宽。从文化领域来说，国家之间的交流日益频繁，人们接触其他文明成果的途径不断拓宽。从社会交流来说，不同国家之间的社会交流日益密切，不同国家民众之间的相互了解日益加深。

经济全球化不断深入发展是世界发展的必然趋势。经济全球化的不断发展为马克思主义大众化推进带来了许多机遇，包括有效促进了世界各国之间的思想文化特别是中西方之间的思想文化交流，加快了中国文化与社会主义核心价值观迈向世界的步伐，有利于马克思主义在大众化的过程中吸取世界文明的优秀成果，实现自身的丰富与发展。但同时，也应该看到经济全球化给马克思主义大众化带来的挑战。其中，最为显著的一点就是经济全球化对民族、国家意识的削弱。

经济全球化打开了国家之间的边界，重视国家之间的交流与合作，

但同时也不可避免地在一定程度上削弱了人民群众的民族与国家意识。马克思主义大众化就是促进中国化的马克思主义的普及与发展，具有鲜明的民族性与实践性。无论从内容上来说还是从特性上来说，民族与国家意识都是马克思主义大众化所必须强调的内容。倘若人们的民族、国家意识变得淡薄，就会在很大程度上阻碍马克思主义大众化的发展。

（二）经济全球化为马克思主义的认同带来挑战

中华人民共和国是由中国共产党领导的社会主义国家，马克思主义及其中国化的成果是我国重要的指导思想，是我国各领域发展的旗帜。但是，在绝大多数的资本主义国家，马克思主义理论并非其指导思想，经济全球化进程必然涉及与这些资本主义国家的政治、经济与文化交流。这种交流的过程既是文化相互感染的过程，同时也是一种理念相互碰撞的过程，在这一过程中，对马克思主义理论认识相对浅薄的人，以及对马克思主义信念不够坚定的人，就容易被西方的思想所影响，进而导致自身对马克思主义认同的降低。这是一种理论、道路与文化不自信的表现，同时也是经济全球化为马克思主义大众化带来的弊端之一。

为了应对这种挑战，应该认清马克思主义的科学性与真理性，坚持马克思列宁主义、毛泽东思想、邓小平理论、"三个代表"重要思想、科学发展观，全面贯彻习近平新时代中国特色社会主义思想，全面贯彻党的基本路线、基本方略，采取一系列战略性举措，推进一系列变革性实践，实现一系列突破性进展，取得一系列标志性成果，经受住来自政治、经济、意识形态、自然界等方面的风险挑战考验，党和国家事业取得历史性成就、发生历史性变革，推动我国迈上全面建设社会主义现代化国家新征程。

中国共产党领导中国人民在中国特色社会主义事业建设中取得的一系列辉煌成就，是马克思主义真理性在我国社会发展历史层面的显著体现，历史与实践证明了马克思主义的真理性。在新时代中国特色社会主义建设的过程中以及马克思主义大众化发展的过程中，应该坚持道路自信、理论自信、制度自信、文化自信。

（三）经济全球化对价值观带来的挑战

经济全球化加强了不同国家之间的文化交流，人们可以通过网络观看世界各国的文艺作品，了解世界各国的文化，但这种文化交流无法避免地会对中国人民群众的价值观带来挑战，这主要表现在以下两个方面。

1. 资本主义国家的价值观输出

部分西方的资本主义国家存在政治立场和意识形态偏见，不能与我国的社会主义意识形态和马克思主义理论达成一致，甚至有的国家仍然还有零和博弈的思想，自身怀有霸权主义的落后理念，不能正视中国的崛起，将中国视为一种威胁，认为中国的成功模式对西方国家产生了直接的威胁。部分西方国家为了应对中国的成功，依靠经济全球化不断推进的发展趋势，将包括自由、民主、人权等概念的"普世价值"进行了包装，并借助经济全球化的便利，依靠全球性传播媒介向中国进行渗透，但仍旧难掩其价值观输出的本质。这种行为是部分西方资本主义国家对自己的价值观和社会制度以外的国家进行的资本主义出口战略，具有鲜明的政策指向性。这种价值观的输出为马克思主义大众化的推进带来了一定的挑战，必须精准识别这些错误的价值观输出行为，了解其价值观输出的本质，并在国家、社会与自身层面予以坚决的抵制。

2. 部分信息传播带来的价值理念冲击

在全球文化交流的过程中，并非全部的外部文化都带有西方政府价值输出的色彩，只是由于文化传播主体所处的文化环境不同，其信息传播难免会带有自身的价值认同，其中尤以文艺作品体现得最为明显。

以西方的影视产业为例，西方影视作品中经常充满着个人英雄主义的色彩，这是与我国价值观截然不同的一种价值取向，我国倡导的是集体主义；西方影视作品更强调人与生俱来的天赋和个性，而我国影视作品则更喜欢表达人在情感上的共通性；西方影视作品重视对个体价值进行评判，而在中国哲学中，与个人价值相比，人们更注重的是内心的修养。这些价值取向的不同是世界价值多元化与文化多元化的一种表现，但是，体现在某些具体的价值观上，则会对我国的价值理念产生一定的冲击，在不同程度上为马克思主义大众化发展带来一定的影响。

对此，每个人都应坚定文化自信与理论自信，更加深入地学习与了解中国优秀的传统文化与马克思主义及其中国化成果，国家也应该更进一步地开展马克思主义大众化传播与优秀传统文化的宣传教育，使人民群众不受外来价值理念的影响。

二、新媒体的发展为马克思主义大众化带来的挑战

（一）新媒体中多样化的价值观念弱化了马克思主义的指导地位

就如同笔者在经济全球化部分提到的一样，新媒体作为当代信息传播的主要手段，能够承载和传播大量的信息，这对于马克思主义大众化传播来说是一把双刃剑，因为其既具有无与伦比的信息传播优势，有助于马克思主义理论实现更好的传播与普及，同时也为西方资本主义国家的意识形态输出和价值观输出提供了便利。这些意识形态与价值观通过不同类型的网络平台在世界范围内进行传播，会对一部分意志不坚定，或者对马克思主义没有深入了解的人的价值观形成冲击，甚至有可能会导致马克思主义指导地位的弱化。

（二）新媒体传播环境的复杂性对社会主义核心价值观形成冲击

随着新媒体的不断发展，其传播环境的复杂性对社会主义核心价值观构成了一定的冲击，主要体现在如下几点。

1. 新媒体信息传播的随意性

新媒体为信息传播带来便利的同时，其较高的自由度与信息传播相对随意的特点也对社会主义核心价值观形成一定的冲击。

信息技术的发展为个人或组织提供了更为广阔的发声平台，网民的自由度获得极大程度的提升。新媒体的信息传播具有较强的随意性，如果一些网民或组织通过新媒体平台随意表达自己的观点，发表一些与社

会主义核心价值观不符的言论，这些言论就会通过互联网迅速传播，对社会主义核心价值观造成一定的冲击。

自由是相对的，是建立在秩序与规范的基础之上的，绝对的自由必将带来无序与混乱。信息传播同样也是如此，信息传播是自由的，但一旦离开了政府的控制，就脱离了自由的本质，也会影响到马克思主义在中国的普及。

2. 部分用户自身素质有待提升

社会主义核心价值观倡导构建文明、和谐的社会生态，但个别素质不高的网络用户使用新媒体平台的时候脱离了道德的约束，不遵守相关的道德与准则，通过新媒体肆意传播不健康的言论，传播不实的消息，甚至对其他用户进行言语攻击等，这些现象都对我国社会主义核心价值观产生了一定的冲击，与我国提倡的爱国主义、集体主义、文明和谐等思想背道而驰，不利于社会主义核心价值观的广泛传播与普及，不利于马克思主义大众化的推进。

综上所述，新媒体具有显著的信息传播优势，但这种信息传播优势是一把双刃剑，无论组织还是个人都应该充分发挥主观能动性，在马克思主义大众化的过程中真正利用好新媒体的这种信息传播优势。从国家的角度出发，加强对新媒体的管理与监督，通过出台一系列法律法规约束新媒体信息传播者的行为，从个人的角度出发，应该时刻践行社会主义核心价值观，规范自己的言行，积极传播更多正能量的信息。

（三）新媒体的运用改变了马克思主义大众化的传播模式

新媒体的广泛使用在某种程度上加大了马克思主义传播工作的难度。在新媒体时代到来之前，马克思主义的普及主要依赖传统媒体，政府只要控制好这些媒体就能引导社会舆论。这种传播是一种单向的传播，灌输的成分较多。新媒体的出现实现了马克思主义传播的双向互动。在新媒体平台上，公众可以自由、随意地创造和传播信息，不再一味地被动接收。对于这样一种模式，政府难以进行控制，因而加大了马克思主义普及工作的难度。

为应对这一信息传播模式变化带来的难题,党和政府在推进马克思主义大众化的过程之中,必须牢牢紧跟时代的步伐,紧紧把握时代的脉搏,在工作中坚持马克思主义的指导,学会变通,完善马克思主义宣传工作机制,保持好的工作状态。

(四)新媒体信息的碎片化削弱了马克思主义大众化的成效

新媒体虽然极大提升了信息传播的效率,但是,新媒体在信息组织与传播方面存在着一定的不足,即信息的碎片化现象越来越严重。所谓信息的碎片化,指的是信息以一种相对零散的组织方式进行传播,人们在较短时间内能够获取到大量的信息,人们通常不会对信息进行详细的甄别,且对信息的理解一般浮于表面,不去做深入的分析,自然也不会留下深刻的记忆。

信息的碎片化是由于互联网的信息过载产生的,互联网每天都在生产数据、创造数据和使用数据,大量的数据产生大量的信息,用户越来越难以从中甄别有用的信息为自己所用,互联网信息过载的现象也由此产生。在互联网技术迅速发展的今天,人们过多地接收了超过自己需要和处理能力的信息,并且这些信息的真实性无法验证,随时可能被错误信息误导。在互联网信息不断膨胀的今天,信息传播的渠道多样化发展,信息重复与信息过载尤为明显。

信息的碎片化使得人们在信息传播的过程中,只是粗略地了解信息"是什么",而不会深入地去考虑"为什么",在这种情况下,就会很容易导致人们对信息的误读,优良的信息往往会很容易被人们所忽略,而不良的信息则会很容易引起人们的关注,如果人们不对信息加以甄别就广泛传播,就会很容易导致不良信息的泛滥,对社会舆论环境造成不好的影响,也不利于社会主义核心价值观的构建,进而对马克思主义大众化传播带来负面的影响。

如前文所述,新媒体是一把双刃剑,为人们带来大量有用信息,提升信息传播效率的同时也造成了不良信息的广泛传播。由于网络环境的虚拟性，人人都有权利在网络中自由发表观点和看法，公众对信息的扩散能力得到了极大提升，这在无形中削弱了马克思主义意识形态的主导力量，阻碍了政府对社会舆论的引导和管理。

总而言之，信息的碎片化是新媒体在当代信息传播方面的一大特点，这种特点为信息传播工作带来了一定的便利，同时也在一定程度上削弱了马克思主义大众化传播的成效，因此，在推进马克思主义大众化的进程中必须关注信息碎片化的问题。

第六章 当代马克思主义大众化传播结构的建立与优化

第一节　马克思主义大众化传播结构的构成

一、马克思主义大众化传播主体

（一）马克思主义大众化传播的"官方"主体

中国共产党是马克思主义传播最重要的主体，中国共产党自成立以来，始终坚持以马克思主义为指导，在革命与建设的过程中，创造性地将马克思主义与中国的实际相结合，总结形成符合中国发展实践需求的马克思主义理论体系，科学指导中国实践的开展。可以说，中国共产党的诞生真正拉开了马克思主义大众化传播的序幕。在此之前，马克思主义的传播始终局限于社会上的某一部分群体，或是知识分子，或是个别城市的工人。中国共产党的成立是中国早期马克思主义大众化最为重要的实践成果。中国共产党自诞生起也成了马克思主义大众化获得实质性发展的强有力的推进主体。

在当代马克思主义大众化中，"官方"传播主体主要包括各级党政机关负责政治理论宣传和思想教育的专门机构及部门，专门从事意识形态研究、宣传、教育的人员，负责马克思主义理论传播的新闻从业人员，等。其主要任务就是进行意识形态宣传和思想政治教育，是马克思主义大众化传播的主导主体。

马克思主义"官方"传播主体进行马克思主义大众化传播的主要渠道是主流媒体，传播主体通过主流媒体向广大的人民群众普及马克思主义理论及其中国化成果的基本观点，宣传当前国家的大政方针与政策法规，这种传播方式通常呈现为从政府到媒体，再到公众的一种信息的单向传播。

马克思主义大众化的"官方"传播主体代表着党和国家的意志，代表着主流、权威的声音，体现着传播主体在马克思主义大众化过程中的责任与担当。政府是国家权力的执行机构，是进行社会管理的国家机关。

政府始终是主导性的"强势"传播主体，代表国家进行马克思主义理论观点的传播和舆论控制，是国家意识形态传播中的最强音。马克思主义大众化的"官方"传播主体因自身进行的信息"传播"或"宣传"的特殊性而不同于一般的信息传播主体，其所进行的信息传播本质上属于政治传播，传播内容是具有阶级性的意识形态，传播方式是以"说服""教育"为主的政治灌输，传播的信息具有泛政治化的本质属性。

在中国特色社会主义建设的新时代，马克思主义大众化"官方"传播主体的构成、地位和功能虽然没有发生改变，但是若想实现更好的马克思主义大众化传播效果，就需要党和政府坚持以马克思主义为指导，与时俱进，不断改进马克思主义大众化传播的方法、更新马克思主义大众化传播的理念、关注马克思主义大众化传播对象的现实需求，坚持和强化政治传播所特有的传播主体意识。

（二）马克思主义大众化传播的"民间"主体

马克思主义大众化传播的"民间"主体主要由两部分构成，其一是民间性组织，其二是广大的人民群众。

1. 民间性组织

民间性组织在广义上指的是除党政机关、企事业单位以外的社会中介性组织。我国的民间组织在经济建设和社会发展中发挥着十分重要的作用，主要体现在以下几个方面。第一，民间组织可以作为党和政府与群众之间的桥梁和纽带，沟通党和人民群众。第二，民间组织具有经济建设的能力，能够推动经济的发展，维护市场秩序，组织经济活动，满足人民群众的物质文化需求。第三，民间组织可以将优秀的专家学者、专业技术人员和管理人才汇聚在一起，使之成为新时代中国特色社会主义建设的一支生力军。第四，民间组织能够通过组织一系列文化宣传与学习活动，弘扬马克思主义、社会主义核心价值观以及中华民族的传统美德等优秀文化，有效推进社会主义精神文明建设。第五，民间组织在国际交流方面也发挥着重要的作用，能够扩大国际交往的渠道，部分民间组织还在一些国际事务中发挥着不可替代的作用。

民间组织一般包括各种学会、协会、联合会、研究会以及其他企事业单位等。民间组织虽然不像政治思想传播主体那样掌握着主流媒体与官方宣传平台，但是其同样拥有明确的宣传目标与活动宗旨。虽然民间组织在思想宣传方面的影响范围有限，但却具有较强的亲和力与感召力，其组织的宣传活动也更加贴近广大人民群众的真实生活，更加"接地气"，因此，民间组织同样也是马克思主义大众化传播的主要力量。

作为马克思主义大众化的传播主体，民间组织广泛分散于社会生活的各个领域，其所关注的主要内容来自于民间各领域发生的具体事例，具体的民间组织虽然在信息播范围上具有一定的局限性，但是民间组织数量众多，涉及人们生活的方方面面，其传播的信息对于民众来说更直观、更具体、更生动、更易于接受，以民间组织为主体开展马克思主义大众化传播，能够保证传播的影响力与实际成效。

2.广大的人民群众

传统的信息传播一般表现为信息传播主体向受众进行单向信息传播的一个过程，在这一过程中，受众只能被动地接受信息，传媒组织发送什么信息，受众就接受什么信息，在信息内容上受众没有主动选择权，更谈不上参与信息的传播，传播者是信息传播的绝对主体。但是，随着科技的进步，信息的传播方式也发生了翻天覆地的变化，信息传播媒介种类的迅速增多，以及受众接收信息途径的不断拓展，使得信息传播活动不再是单向的信息传送，而变成了双向的信息互动，同时，以新媒体为代表的新型信息传播方式的出现，也让人们成为了信息传播的主体，人们不但可以通过现代信息传播技术快速地获取信息，同时可以利用现代信息传播技术向传播主体或其他用户充分表达自己的情感与想法。

当代中国马克思主义大众化从本质上来说也是一种信息传播的过程，互动性是当代马克思主义大众化的重要特性之一。作为信息传播接受者的人民群众，同样是马克思主义大众化重要的传播主体。因为当代中国马克思主义大众化的目的不仅是将马克思主义的基本理论传递给人民，而是构建一个完整、科学的信息传递、交流、互动系统，使广大的人民群众不仅能了解与学习马克思主义及其中国化成果，更能将马克思主义运用到具体的实践之中，促进实践的发展，使广大的人民群众自觉加入马克思主义大众化传播的队伍当中，主动宣传与弘扬马克思主义，推动马克思主义大众化传播。

马克思主义大众化传播的个体主体，是现代传播技术发展的成果，是马克思主义大众化传播的新生力量，个体主体具有隐匿性、分散性、随意性等特点，其信息传播方式、传播内容和载体选择具有更强的广泛性、互动性与自主性，所发布的信息更具有快捷性等特点。在马克思主义大众化的各种传播主体中，个体的声音与影响力远不及政府和社会组织，但个体的声音与影响力一旦汇聚起来，就会变成一股广泛且强大的传播力量，能够形成强大的的舆论声势。

作为马克思主义大众化的传播主体，人民群众还具有很强的成长性，其规模与影响力会随着马克思主义大众化的推进而不断扩大。马克思主义具有鲜明的群众性，重视人民群众的作用，因此，人民群众也终将成为马克思主义大众化传播的主力军。

（三）马克思主义大众化传播的教育主体

作为一种有目的、有组织、有计划、系统地传授知识和技术规范等的社会活动，教育对于一个国家的重要性不言而喻，人是实践的主体，是世界一切精神财富与物质财富的创造者，国家的发展与国民自身的发展是息息相关的，教育作为培养人才的最重要途径，对个体的知识结构、技能结构以及思想道德素质具有重要的塑造作用,直接影响着一个国家的未来。教育始终是马克思主义大众化传播的主要手段之一,自马克思主义传入中国以来,教育就始终是马克思主义传播的重要手段。

在推进马克思主义大众化的进程中,学校作为引领与传播先进文化的主阵地,必然也担负着传播马克思主义理论的责任与使命,教育主管部门必须重视马克思主义传播内容的设计和马克思主义传播方式的引导,科学推进马克思主义理论的教育。重视马克思主义传播对象的差异性,对不同年龄段和知识接受能力的教育对象采取分阶段、分层次的方式进行有目的、有计划、有组织的教育与影响,使受教育者知晓、理解、掌握、接受、信仰马克思主义基本理论和基本观点,并能将其内化为自身的理性信仰和行动指南。

作为马克思主义大众化的教育主体,学校及教育主管部门还担负着理论研究的重要任务。马克思主义大众化传播的过程固然重视马克思主义理论的普及,但是不能将马克思主义大众化等同于理论普及,发展性是马克思主义理论的重要特性,而马克思主义理论的发展离不开经验的总结与理论的研究,因此,推进马克思主义大众化,还需要关注马克思主义理论学术研究的推进。学术研究与理论普及是马克思主义大众化过程中的两个重要方面,两者相辅相成,相互促进,不能顾此失彼,学校拥有大量的科研人才与优良的科研条件,是马克思主义理论研究的重要阵地。

在马克思主义大众化的过程中,学术研究与理论普及之间并不矛盾,学术研究并非是在象牙塔中闭门造车,而是同理论普及一样,需要深入群众与实践中去。马克思主义学术研究的发展需要以马克思主义大众化的推进为基础,在实践中不断总结新的经验,形成新的理论。同样,马克思主义理论的普及也离不开学术研究,科学的理论对实践具有积极的指导作用,只有在科学理论的指导下,马克思主义大众化才能取得不断的发展。而科学的理论不是实践经验的简单汇集,而是建立在对实践深入了解，科学判断发展形势的基础之上，用科学的研究方法对实践经验进行凝练与升华，并经过实践的检验最终形成的。

二、马克思主义大众化传播对象

（一）马克思主义大众化传播对象概述

马克思主义大众化的传播对象即马克思主义大众化传播的受众，在传播理论中也被称为"受传主体"和"受传者"，是与信息传播主体所对应的信息接受者，包括读者、观众、听众、网民等。

受众是充分体现个人意志的信息接收者，既包括大众信息传播中的接受群体，同时也包括小范围信息交流中的个体，受众的存在形式是不固定的、分散的、游离的，既可以是一个人、也可以是成千上万的人；既可以是一国、一代的人，也可以是全球、几代的人。受众作为信息传播系统中的重要组成部分，在传播活动中占据着突出的地位，扮演着重要的角色。马克思主义大众化作为一种思想传播的活动，若想取得更好的传播效果，不仅需要重视传播主体作用的发挥，同样需要对其传播对象具有足够的重视。

当代马克思主义大众化的传播对象是广大的人民群众。在人民群众之中，不同个体的社会地位、价值取向、生活环境、受教育程度、职业特点、个性特点、兴趣爱好等均存在着较大的差异。也正是因为这种个性化差异，使得社会中不同群体对马克思主义理论的需求、理解、期待和运用等也都有较大差异。在马克思主义大众化传播的过程中，传播主体如果不能根据不同受众的特点选择相对应的话语表达方式，就容易造成表达风格的单调，不利于部分群体对所宣传内容的接受，为马克思主义大众化传播带来阻力，因此，在马克思主义大众化传播的过程中，要重视不同受众群体之间的差异性，充分尊重和深入研究不同受众群体的特征，根据不同受众群体的特点选择容易让其接受的思想宣传方式，在尊重差异与包容个性的基础上开展马克思主义大众化传播。在面向人群相对广泛的大众传播上，则要选择用人民群众喜闻乐见的方式推进马克思主义大众化传播。

（二）不同类型的马克思主义大众化传播对象

马克思主义大众化的传播对象按照不同的分类标准可以进行不同的分类。而具体的分类标准可以将马克思主义大众化的传播对象按照一定的特点划分为不同的类型，针对这些不同类型的对象，马克思主义大众化传播主体应该灵活采用不同的方式进行马克思主义的传播。

1. 按照地域划分

按照居住地域可以将马克思主义大众化传播的受众划分为城市受众与农村受众，国内受众与海外受众。不同居住地域的受众在生活环境、文化环境、教育环境、社交环境以及主要的信息传播媒介等方面存在着较大的不同，其对于马克思主义的天然认知与掌握情况也有所不同。例如，在受教育水平较高的地区，人们对马克思主义的理解与掌握自然就会比较深入，而在受教育水平较低的地区，人们对马克思主义的理解通常就会浮于表面。由于主流价值观念与传播媒介之间的不同，在我国国内进行马克思主义大众化传播与在海外开展马克思主义大众化传播，在形式与内容上必然会存在较大的差异。这就需要马克思主义大众化传播主体对不同地域传播对象的特点以及区域的特点有一个全面的认识，因地制宜制定合适的马克思主义大众化传播方略。

2. 按照身份划分

依据马克思主义大众化传播对象身份的不同，可以将马克思主义大众化传播的对象分为领导干部、党员、青年学生和基层群众等。不同身份的马克思主义大众化传播对象在受教育水平、认知能力、生活环境、个性特点上存在巨大的差异，马克思主义大众化传播主体应该全面了解不同受众的差异，因人而异开展马克思主义大众化实践。

领导干部是马克思主义大众化的直接领导者与推动者，是马克思主义大众化传播主体中的主要推动力量，同时，也是马克思主义大众化的传播对象。在领导干部群体中推动马克思主义大众化传播，应着眼于用马克思主义基本理论武装其头脑，着力提高其理论素养，培育其形成科学的世界观和方法论，增强贯彻执行党的路线方针政策的自觉性和坚定性。

党员是新时代中国特色社会主义建设的中坚力量，是马克思主义坚定的支持者与维护者，党员队伍普遍具有坚定的马克思主义信仰，但文化程度与认知水平参差不齐，在党员群体中推动马克思主义大众化传播，应该积极开展党的理论、路线、方针政策的宣传教育，使党员在新时代中国特色社会主义建设事业中起到良好的模范带头作用。

青年大学生是祖国未来的希望，青年大学生的特点是学习能力较强，认知水平较高，具有较为丰富的知识储备，乐于接受新鲜的事物。但青年大学生的世界观、人生观和价值观尚未完全定型，很容易受到外界环境与思潮的影响。因此，在青年学生群体中推进马克思主义大众化，需要充分发挥思想政治理论课的作用，重视对大学生的马克思主义及其中国化成果等基本理论知识的教学。

基层群众是马克思主义大众化传播对象中规模最为庞大的群体，是新时代中国特色社会主义建设的基石，也是群体内部差异最大，特征最为复杂的群体。在基层群众中推进马克思主义大众化传播，需要将广泛传播与精准传播充分结合，在保证广泛传播质量的基础上，重视精准传播，可以按照不同标准进一步进行群体分类，如按照年龄可分为少年、青年、中年、老年，按职业可分为农民、工人、教师、党政干部等。对于不同群体，只有采用不同的传播方式，选择不同的传播内容和话语表达方式，才能实现最佳的传播效果。

三、马克思主义大众化传播内容

（一）传播内容的界定

传播内容指的是信息传播中媒介的各种产品，对于马克思主义大众

第六章 当代马克思主义大众化传播结构的建立与优化

化来说，其传播的主要内容就是马克思主义理论。从传播学的视角来观察马克思主义大众化传播内容，可以分为广义与狭义两个层面。

从广义方面来理解，马克思主义大众化传播的内容包括与马克思主义大众化相关的一系列内容，包括相关的管理信息、环境信息、评价信息、干扰信息等。

从狭义的方面来理解，马克思主义大众化传播的内容就是马克思主义理论及其中国化成果。具体内容包括马克思主义的科学知识、科学思想、科学方法以及科学精神，也就是马克思主义哲学、政治经济学以及科学社会主义三大部分的经典理论，还包括马克思主义理论中国化的成果，包括毛泽东思想、邓小平理论、"三个代表"重要思想、科学发展观以及习近平新时代中国特色社会主义思想。

通常研究马克思主义大众化传播的内容，侧重于狭义的理解，且侧重马克思主义中国化最新的理论成果。

（二）传播内容的来源

马克思主义大众化传播的内容是马克思主义大众化传播系统的核心组成部分，了解了马克思主义大众化传播的具体内容，还必须要了解其来源，这样才能进一步明确其科学性，马克思主义大众化传播内容的来源如图6-1所示。

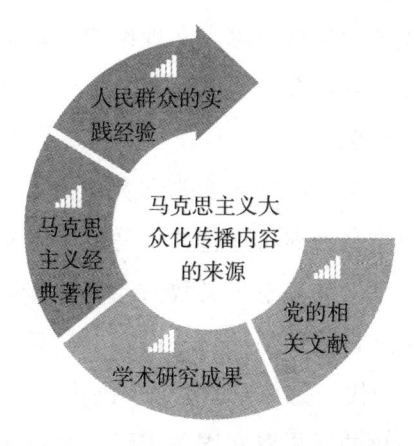

图6-1 马克思主义大众化传播内容的来源

· 161 ·

1. 人民群众的实践经验

马克思主义认识论深刻论述了人民群众与实践的巨大作用，马克思主义源于人民群众的实践经验，这体现在马克思主义对人民群众以及实践的重视。

马克思主义认识论最为鲜明的特点就是实践的观点，马克思主义对于实践概念的观点是：实践是人们改造客观世界的一切活动。实践首先具有物质性，这是因为实践的主体、实践的手段、实践的对象以及实践的结果都具有显著的物质性。人民群众是实践的主体，实践的手段是具体的工具和设备，实践的对象是客观自然与客观社会，而实践的结果则是引起自然或社会的某种变化。

马克思主义认为，人是实践的主体，历史是由人民群众创造的，人民群众是物质财富与精神财富的创造者。马克思主义认识论将实践划分为三种基本形式，分别是生产实践、处理社会关系的实践以及科学实验。生产实践指的是处理人与自然关系的活动。处理社会关系的实践指的是处理人与人关系的活动，如阶级斗争、社会革命和社会改革。科学实验则指的是从生产实践中分化出来的探索性活动。科学实验能够提高生产活动水平，使人类合理获取生活资料。主要表现为通过实践建立科学理论，或者是运用实践成果推动生产发展。

人民群众的实践经验是马克思主义理论的主要来源，也是马克思主义大众化传播内容的主要来源。

2. 马克思主义经典著作

以《共产党宣言》《唯物主义和经验批判主义》《资本论》《法兰西内战》为代表的马克思主义经典著作包含了马克思主义的经典原理，详细阐释了马克思主义哲学、马克思主义政治经济学和科学社会主义等方面的内容，是马克思主义理论体系的核心内容。马克思主义经典著作还包括以《毛泽东选集》为代表的马克思主义中国化的一系列重要理论成果，这些马克思主义中国化的成果对我国的实践具有重要的指导作用，马克思主义中国化的最新成果是当代马克思主义大众化传播的核心内容。

3. 学术研究成果

马克思主义大众化传播内容的另一个重要来源就是学术研究成果，学术研究是丰富与发展马克思主义理论体系的重要途径，马克思主义不仅仅是实践经验的总结，而是以实践经验为基础，充分运用科学的研究方法对实践经验进行理论性的概括与升华。

在我党长期的革命与建设实践中，有一大批长期奋战在马克思主义理论研究和教育传播领域内的专家、学者和宣传教育工作者，他们在马克思主义理论领域的研究成果和工作成果具有理论性、系统性和科学性，一方面是对人民群众实践经验的理论总结，另一方面将理论放在实践中进行检验并最终上升为科学的理论，为中国共产党制定正确的路线、方针和政策提供有益借鉴，是马克思主义大众化传播信息来源的重要组成部分。

4. 党的相关文献

文献是记录人类知识和思想成果的载体。党的文献是在积极总结人民群众实践经验和学者研究成果基础上的产物，是一种权威性很强的理论表述，具有其他理论表述方式所无法比拟的政治性、规范性、科学性和针对性，在马克思主义大众化传播信息中处于核心地位。党的文献有些是以党的重要领导人的署名发表的，但实际上都是党的集体智慧的结晶，表达的是党的集体意志，同时也体现了学者研究的智慧和心血，反映了人民群众的共同愿望和要求。因此，在马克思主义大众化传播中，党的文献中的思想理论信息是重要的传播内容，而不是个人研究的一家之言，也不能总是停留在人民群众实践经验层面上。

四、马克思主义大众化传播环境

（一）马克思主义大众化传播环境概述

任何一种实践活动都是在一定的环境下进行的，马克思主义大众化

· 163 ·

当然也不例外,马克思主义大众化的传播环境指的是马克思主义大众化传播活动赖以存在的各种不同内部条件与外部条件的总和。

马克思主义大众化传播环境并非一系列毫无关系的零散的环境因素,而是一个复杂的开放系统。这个系统中包括政治、经济、文化、社会、个人、媒介等不同的因素,这些因素在不同的情况下会对马克思主义大众化传播环境产生不同程度的影响。马克思主义大众化若想取得良好的传播效果,就必须做好对各种要素的统筹规划,促进不同的要素协调发展,为马克思主义大众化传播创造一个良好的环境。

(二)马克思主义大众化传播环境的构成

1. 外部环境系统

马克思主义大众化传播的外部环境系统指的是开展马克思主义大众化传播这一实践活动所处的外部环境。主要包括政治环境、经济环境、文化环境、社会环境、法治环境、道德环境等。外部环境系统对马克思主义大众化传播的影响是由外而内的,如果只掌握了马克思主义大众化科学的传播方法,但没有良好的外部环境支持,那么马克思主义大众化也难以实现良好的传播效果。

2. 内部环境系统

内部环境系统主要指的是影响马克思主义大众化传播内部构成要素的一些环境因子,包括传播语言、传播技术、舆论形态等。内部环境系统主要影响着马克思主义大众化的内部构成要素的运行逻辑。例如,传播技术的发展关系到马克思主义大众化传播的媒介,直接影响着马克思主义大众化传播的效率与范围。传播语言则是马克思主义大众化针对不同受众群体能否取得良好传播成效的关键。

马克思主义大众化传播的内部环境系统与外部环境系统之间并没有明确的界限,两者之间往往呈现一种相互渗透、相互作用和相互转换的关系。例如传播技术,作为马克思主义大众化传播的技术支持,既能算作马克思主义大众化传播的外部环境系统,也可以算作马克思主义大众化传播的内部环境系统。

站在更高的视角来看,马克思主义大众化传播的环境还包括国际环境和国内环境,国际环境包括国际社会中的经济、政治、文化、技术等因素及其之间的相互关系,国内环境则包括国内的传播基础设施、传播技术、政策环境、经济发展水平、文化氛围等。

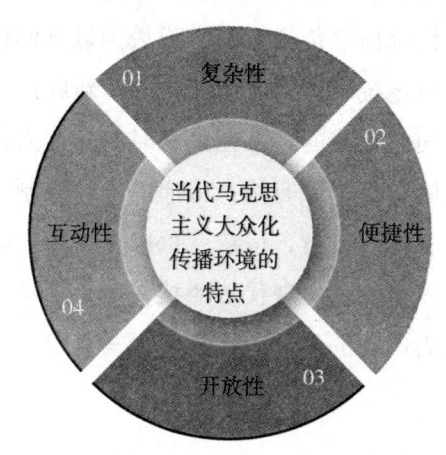

（三）当代马克思主义大众化传播环境的特点

作为马克思主义大众化传播的重要支撑,当代马克思主义大众化传播环境具有显著的特点。当代马克思主义大众化传播环境的特点如图6-2所示。

图 6-2 当代马克思主义大众化传播环境的特点

1. 复杂性

当今时代,科技的飞速发展为信息传播提供了便捷的传播媒介,但同时也增加了传播环境的复杂性,传播技术的发展使得传播行业的新业态如雨后春笋般不断涌现,这就使得无论是马克思主义大众化传播的内部系统还是外部系统,都呈现出显著的复杂性。

传播技术的发展拓展了人们获取信息的渠道,提升了人们获取信息的能力,由于文化传播主体所处的文化环境不同,其信息传播难免会带有自身的价值认同,多种文化的交流与碰撞在丰富了人们精神世界的同时，也为人们的价值认同带来了一定的挑战。

传播行业新业态的不断涌现也使得传播媒介日趋多样化，科学选择马克思主义大众化传播媒介对于马克思主义大众化传播能否实现良好的效果十分重要。

2. 便捷性

毫无疑问，传播技术的突飞猛进使得马克思主义大众化传播变得更为便捷。例如，作为当代马克思主义大众化传播媒介的新媒体，其突出特点就是高效率的信息传播。以数字技术与网络技术为依托的新媒体在信息传播、反馈、互动等方面具有显著的高效性。信息的高效率传输是新媒体传播相比于传统信息传播方式来说最为显著的优点，因此，新媒体的信息传播速度是传统媒体所不能比拟的。新媒体的信息接收和传播都是在非常短的时间内完成的，甚至是实时的，这大幅提高了媒介的传播效率。而且新媒体突破了原有信息传递的地域限制。新媒体依靠互联网传播，只要互相有接收设备，信息就可以在更为广阔的全球范围内传播。因此，以新媒体为代表的现代传播技术赋予了马克思主义大众化传播更高的效率与更为广阔的传播范围，使得马克思主义大众化传播变得更为便捷。

3. 开放性

开放性同样是当代马克思主义大众化传播的重要特性，这是时代所造就的。政策层面，以习近平同志为核心的党中央强调新时代要继续提升对外开放水平，为我国的对外交流奠定了总基调；传播技术的发展为个人更好地观察世界、在世界范围内开展文化交流提供了技术支持。马克思主义是一个发展的理论体系，中华民族的文化特征则是包容与开放的，因此，开放性是当代马克思主义大众化传播环境最为显著的特点之一，每个人都应在文化交流中坚定自身的道路自信、理论自信、制度自信和文化自信，这样才能在文化交流中汲取他国文化先进的因素，摒弃其糟粕，不断丰富和发展马克思主义。

4. 互动性

互动性是现代信息传播区别于传统信息传播的重要特点。在现代信息传播中，传播者可以根据自己的个人兴趣和意愿选择传播内容，也可以按照自己的职责需要决定传播目标和受众范围，还可以搭建专属平台进行互动、讨论和对话，自由灵活地开展传播活动。

在当代马克思主义大众化传播体系中，信息传播者与受传者之间的角色也不是固定的，当代中国马克思主义大众化传播本身也是一种互动的过程，因为当代中国马克思主义大众化的目的不仅是将马克思主义的基本理论传达给人民，而是构建一个完整、科学的信息传递、交流、互动系统，帮助人民群众能够更好地了解马克思主义，并主动运用和传播马克思主义。

在当代马克思主义大众化的过程中，传播主体不仅需要深入了解人民群众的需求，选择适合的传播方式，还要及时了解人民群众在接收到信息符号后的反馈情况。人民群众也不再单纯是信息的接收者，其自身也可以成为马克思主义大众化的传播主体，这充分体现了传播活动的可参与性。

第二节　马克思主义大众化传播结构的内在矛盾

一、传受双方之间的矛盾

在当代马克思主义大众化传播系统中，位于系统核心的是信息传播主体与信息接受主体，也就是马克思主义大众化的传受双方。由于马克思主义大众化传受双方所处的位置不同，角色定位、任务目标和信息掌握情况等各方面均存在很大的差异，因此，马克思主义大众化的传受双方共同统一于传播结构但又处于一种相互矛盾的关系之中。

马克思主义传受双方的矛盾是马克思主义大众化传播的主要矛盾，在整个马克思主义大众化传播的过程中，传播内容、传播媒介和传播环境都是服务于马克思主义传播主体与接受主体的，是二者开展实践的目的与任务，是二者之间相互作用的纽带、中介和实现场域。传播主体与接受主体之间的矛盾是马克思主义大众化传播结构要素运行过程中的主要矛盾，起着规定或影响其他矛盾的作用，这对矛盾的解决程度直接决定着其他矛盾的解决和传播效果的实现程度。

马克思主义传受双方之间是一种辩证统一的关系。在马克思主义大众化传播的实践中，既要正确认识马克思主义大众化传播主体和接受主体之间矛盾的统一性，又要正确认识二者之间矛盾的斗争性。统一性体现在传播主体与接受主体共同处于马克思主义大众化传播结构中，整个传播过程就是传播主体和接受主体共同参与、相互交流、协同进化的过程，二者缺一不可。

马克思主义大众化传播主体和接受主体之间矛盾的斗争性表现在二者分别处于马克思主义大众化传播系统的两端，双方在角色定位、任务目标和信息掌握情况等方面存在着显著的不同，且二者均具有鲜明的主体性与能动性，更突出了两者之间矛盾的斗争性。

在当代马克思主义大众化传播的过程中，科学技术的进步使得信息传播体现出鲜明的互动性，这种互动性使得马克思主义大众化的传受双方在角色定位上发生了翻天覆地的变化，两者可以在一定条件下实现角色的互换。在马克思主义大众化传播过程中，传播主体发送的一些思想和信息被信息接受主体所理解与认可后，接受主体可以凭借先进的传播技术，将自己接收到的理念以自己的方式向外界进行传播，影响更多的信息接收者，在这一过程中，原本的信息接收者成了新的马克思主义大众化的传播主体。这种传播模式呈现出明显的放射性、发散型的特点，这也是大众期待的马克思主义大众化传播的运行模式。

二、传受双方与传播内容之间的矛盾

在马克思主义大众化传播系统中，传播内容占据着十分重要的地位，因为马克思主义大众化的关键环节之一就是将马克思主义理论的相关内容传播给广大的人民群众。笔者在前文介绍过，马克思主义大众化传播的内容就是马克思主义理论及其中国化成果。具体内容包括马克思主义的科学知识、科学思想、科学方法以及科学精神，也就是马克思主义哲学、政治经济学以及科学社会主义三大部分的经典理论。

在马克思主义大众化传播的过程中，传受双方与传播内容之间同样存在着矛盾。在信息传播中，如果信息传播主体不能对信息接收者的兴趣点、选择偏好和现实需要等具体问题进行全面、系统分析，就会直接影响信息接收者对信息的接收效果，进而影响到整个传播系统的运行。

矛盾性是事物的本质属性，矛盾无处不在、无时不有，作为一个复杂、庞大的信息传播系统，马克思主义大众化同样也是如此。目前，马克思主义大众化传播系统内部存在的诸多矛盾中，传受双方与传播内容之间的矛盾是一对十分重要的矛盾关系。这种矛盾集中体现在马克思主义大众化传受双方对具体的传播内容没有较好的把握。这是因为马克思主义理论体系的部分内容，特别是马克思主义哲学与马克思主义政治经济学的部分内容相对枯涩难懂，加之缺少鲜活的表现形式和表达方式，因而难以提起受众的学习兴趣，导致部分受众对传播内容表现出疏离甚至冷漠的态度。

马克思主义是一种科学的世界观与方法论，具有很强的理论性与学术性，其对于事物本质以及人类社会运行规律的论述难免稍显枯燥，特别是在当今网络信息过载的环境下，人们每天都要接触大量的信息，不同类型的平台无时无刻不在向人们推送着他们感兴趣的内容。这种情况下，刻板地传播马克思主义理论难以引起人们的兴趣，更别说使人们深入理解、掌握和运用马克思主义了。如何妥善处理这对矛盾，实现良好的马克思主义大众化传播效果，就显得尤为重要了。

马克思主义大众化的传播主体需要坚决贯彻"从群众中来，到群众中去"的工作方法，将传播内容与人民的生活实践紧密联系在一起，运用大众化的语言来剖析和解释老百姓现实生活关注的问题，要使马克思主义大众化传播的内容始终紧贴人民群众的生产生活实践，避免传播内容与现实实践脱离、避免传播内容与广大人民群众的社会生活脱离，要使马克思主义大众化的传播内容能够切实引发受众接受传播内容的热情和兴趣。只有广大的人民群众自觉了解、学习、掌握、运用和传播马克思主义及其中国化成果，马克思主义大众化才算真正实现了其任务目标，因此，马克思主义大众化的传播主体需要坚持群众观点与实践观点，以人民群众为工作的中心，在实践中总结经验，不断调整和优化自身的工作，切实提升马克思主义大众化传播的实际效果。

三、传受双方与传播媒介之间的矛盾

在当代马克思主义大众化传播系统内部的诸多矛盾中，马克思主义大众化传受双方与传播媒介之间的矛盾同样对当代马克思主义大众化的传播效果有着十分重要的影响。传播媒介是传播行为的关键组成部分，是沟通信息传播者与信息接收者之间的纽带与桥梁，传播媒介自身的性质直接影响着当代马克思主义大众化的传播效率与传播效果。马克思主义大众化传受双方与传播媒介之间的矛盾主要体现在不同主体对媒介的认可与运用上。

在当代马克思主义大众化传播的过程中，传播媒介对马克思主义大众化传播效果的影响往往比预想的还要大。首先，传播媒介自身的性质直接影响着马克思主义大众化传播的效率。例如，以网络技术为基础的各种不同类型的信息传播媒介，其信息传播的效率高于图书、报刊等传统的信息传播媒介。新时代马克思主义大众化若想实现更加理想的传播

效果，就必须充分利用好新技术环境下的各种新型传播媒介。

其次，传播媒介是否符合人民群众的偏好同样十分重要。如果马克思主义大众化的传播者对传播媒介的选择不符合受众对媒介的选择偏好，就可能造成"传而不受"；反之，如果受众对载体的偏好不是传播者选择的信息传播媒介，就可能造成"受而不传"。

在信息技术高度发达与信息传播模式不断发展的今天，人们的信息获取途径发生了翻天覆地的变化，人们获取信息的渠道已经从书本、报刊、电视转移到了电脑、手机。马克思主义大众化传播者如果还是沿用相对传统的信息传播模式，就会形成接受主体与传播媒介之间的矛盾，从而造成传播者和接受者之间联系的中断。即便是新兴的传播方式，不同类型受众群体对于不同类型的传播媒介的偏好也有很大的区别，有人喜欢从数字电视上获取信息，有人则习惯从手机上浏览知识。如何针对不同的人群选择最为适合的马克思主义大众化传播方式，处理好马克思主义大众化传受双方与传播媒介之间的矛盾，提升马克思主义大众化的传播效果，考验着马克思主义大众化传播主体处理这些问题的能力。

四、传受双方与传播环境之间的矛盾

环境是人类实践活动开展的必要场所，任何一种实践活动都是在一定的环境中进行的，环境有精神环境与物质环境、内部环境与外部环境之分，信息传播作为人类重要的实践活动，同样是在具体的传播环境中进行的，传播环境对信息传播行为具有重要的影响，它能通过系统内部因素与外部因素的相互作用，对信息传播的过程起到促进或阻碍作用。

马克思主义大众化的传播环境指的是马克思主义大众化传播活动赖以存在的各种不同内部条件与外部条件的总和。在马克思主义大众化传播系统中，传受双方与传播环境之间的矛盾同样也是一组不能忽视的矛盾，这组矛盾在本质上体现的是系统内外部因素的辩证统一。

在马克思主义大众化这一系统中，传播主体、接受主体与传播环境

三者之间既相互依存又相互对立。理想的传播环境有助于提升传播主体和接受主体对信息传播与反馈的积极性及主动性，直接提升传播效力和接受效果。反之，会影响传播者和接受者对传播活动主观能动性的发挥，阻碍传播活动的进行。

与其他矛盾不同，在马克思主义大众化中，马克思主义的传播者、接受者与传播环境之间的矛盾具有非常直接的呈现方式。这是因为，马克思主义大众化作为一种传播活动，它是在特定社会环境中进行的，因此，社会环境中的各种因素都能直接或间接地对传播活动起着促进或制约的作用。就马克思主义大众化传播主体而言，其开展马克思主义大众化传播活动会受到政治、经济、文化、社会等各方面因素的直接影响。诸多环境因素规定或制约着马克思主义大众化传播者的传播行为，并影响着马克思主义大众化传播者设计和改进传播过程的思想观念。

作为马克思主义大众化传播信息接收主体的人民群众，其同样也是在一定的环境条件下接收马克思主义传播信息的，政治、经济、文化、社会等环境因素会直接影响广大人民群众对马克思主义大众化传播内容的认识、理解和接受程度，直接影响人民群众对信息的选择。

第三节　马克思主义大众化传播结构的优化路径

一、马克思主义大众化传播结构的优化原则

马克思主义大众化传播系统中存在着诸多组矛盾关系，若想进一步优化马克思主义大众化传播结构，就必须妥善处理好这些矛盾关系，构建科学的马克思主义大众化传播结构需要遵循其优化原则，马克思主义

第六章　当代马克思主义大众化传播结构的建立与优化

大众化传播结构的优化原则如图6-3所示。

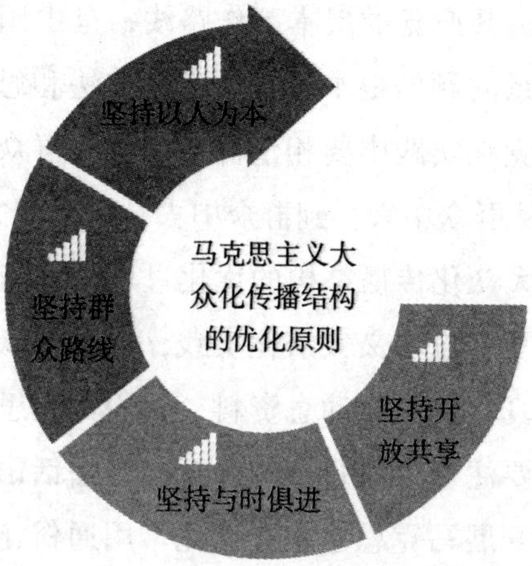

图6-3　马克思主义大众化传播结构的优化原则

（一）坚持以人为本

人是实践的主体，以人为本是一种对人在社会历史实践中主体地位的肯定，以人为本既是一种价值取向，同时也是一种思维方式。以人为本强调在实践中尊重人、依靠人、为了人，在社会实践中将人摆在核心位置。

在马克思主义大众化传播结构优化的过程中坚持以人为本，就是使马克思主义大众化传播以人民群众为本，这里的人民群众不仅仅包括马克思主义大众化的传播对象，还包括马克思主义大众化的传播主体。

优化马克思主义大众化传播结构，必须妥善处理好马克思主义大众化过程中的各组矛盾关系，在这些矛盾关系中，核心因素是人，只有解决了不同主体之间的矛盾、不同主体与马克思主义大众化传播的内容、媒介、环境之间的矛盾，才能构建相对科学的马克思主义大众化传播结构。优化马克思主义大众化传播结构，必须从人民群众的需求出发，使马克思主义大众化传播的内容、媒介与环境能够符合传受主体的认知规律，围绕传授主体构建科学的传播结构。

（二）坚持群众路线

群众路线是中国共产党的根本工作路线，是中国共产党和政权机关处理同人民群众关系问题的根本态度、工作方法和思想认识路线。群众路线要求中国共产党在实践中要相信群众、依靠群众、全心全意为人民服务，坚决贯彻"从群众中来，到群众中去"的工作方法。

在马克思主义大众化传播结构的优化过程中坚持群众路线，需要深入群众，广泛开展马克思主义大众化实践，倾听群众的声音，了解群众之所需，了解群众真实的思想动态资料，运用马克思主义理论解决人民群众的实际问题。要注重传播媒介的选择与传播话语的使用，以人民群众喜闻乐见的形式开展马克思主义大众化。用通俗化、群众化的语言去讲述马克思主义，用广受群众喜爱的媒介去传播马克思主义，让群众愿意去接受马克思主义理论，容易理解和掌握马克思主义理论，主动运用马克思主义理论去解决实践问题。

在马克思主义大众化传播结构的优化过程中坚持群众路线，需要相信群众、依靠群众，坚持为人民服务的工作宗旨和对人民负责的工作原则。要从关心和解决人民群众的实际问题的角度开展马克思主义的宣传、教育和普及活动。关心群众的生活，了解群众的需要，解决群众面临的实际问题，使马克思主义大众化贴近人民群众的生活，落实在广大人民群众具体的实践之中。

同时，要充分认清和把握马克思主义大众化传播过程中传受主体之间的矛盾关系，明确马克思主义大众化的推进，不是一方向另一方单向的信息传输，而是要在传播主体与群众的互动中将马克思主义理论根植于人民群众的思想之中。这一传播过程不仅是由外而内的理论灌输过程，也是人民群众自发的学习、交流与互动的过程。广大的人民群众不仅是马克思主义大众化传播的客体，也是马克思主义大众化传播的重要主体。在马克思主义大众化传播过程中，人民群众不仅要接收马克思主义的相关理论，还要自觉发挥马克思主义大众化传播的主体职责。

(三) 坚持与时俱进

马克思主义理论是发展的理论，其科学性与真理性使得其能够随着人类认识世界和改造世界的推进而不断得到丰富与发展，与时俱进是其活的灵魂。同样，马克思主义大众化传播结构的优化也需要遵循与时俱进的发展理念，只有不断将新的发展理念与新的技术因素融入马克思主义大众化传播结构之中，并在实践中不断总结经验，将其上升为科学的理论，才能更好地指导马克思主义大众化传播结构的优化。

马克思主义大众化本质上是一种信息传播活动，信息传播具有鲜明的时代性与发展性，这是因为实践是不断发展的，信息传播的内容、媒介、环境等都是不断发展的，因此，一种信息传播模式若不想被时代所淘汰，就必须坚持与时俱进。马克思主义大众化作为一种信息传播活动，其传播结构的优化同样需要坚持与时俱进的发展理念，根据时代的发展不断进行调整与优化。

(四) 坚持开放共享

开放与共享是中国特色社会主义新时代重要的发展理念，处理马克思主义大众化传播结构中的矛盾关系，必须坚持开放与共享的发展原则。

当代马克思主义大众化传播的结构与传统的信息传播结构之间存在着巨大的差异。无论是传播的主体、传播的媒介、传播的模式还是传播的理念都随着时代的发展产生了巨大的变化。同时，这一系列新的变化也带来了新的矛盾，笔者在前文已经对此进行了详细的阐述。在当代马克思主义大众化传播结构中，许多矛盾关系都涉及活动与交流，这要求传播者在优化马克思主义大众化传播结构的过程中，要坚持开放与共享的原则。

以马克思主义大众化传播结构中传受双方与传播内容之间的矛盾为例，马克思主义大众化的传播内容是马克思主义基本理念及其中国化成果，但若想实现良好的传播效果，就不能单纯以理论传播为主，要重视传播内容的表现形式，能够以包容、开放的心态组织马克思主义大众化的传播内容。同时，还要注重传播媒介的作用，使广大人民群众能够共享不同形式马克思主义大众化的内容，能够主动将自身对马克思主义的理解与运用经验向外进行传播，分享给更多的人。

马克思主义理论的丰富与发展也离不开开放与共享，只有在一个相对开放的环境中，才能接触和学习更多先进的知识，汲取其他文化中的营养，不断丰富与发展马克思主义理论，人民群众自觉进行马克思主义理论传播的过程，也是一个共享的过程。

二、马克思主义大众化传播结构的优化路径

马克思主义大众化传播结构的优化需要在准确把握马克思主义大众化传播结构的内在矛盾和优化原则的基础上进行。马克思主义大众化传播结构的优化路径如图6-4所示。

图6-4 马克思主义大众化传播结构的优化路径

（一）创建良好的传受关系

1. 创建良好传受关系的意义

笔者在前文提到过，马克思主义大众化传受双方之间的矛盾是马克思主义大众化传播的主要矛盾，马克思主义哲学中的主、次矛盾的辩证关系原理告诉人们，主要矛盾在事物的所有矛盾关系中处于支配地位，

第六章 当代马克思主义大众化传播结构的建立与优化

起着主导作用,决定着事物的性质和发展趋势。因此,在实践中应该善于把握主要矛盾,既要看到主要矛盾、矛盾的主要方面,坚持重点论,善于抓住重点,又要看到次要矛盾和矛盾的次要方面,坚持两点论,学会全面地看问题,做到两点论和重点论的统一。

具体到马克思主义大众化传播结构中,这一结构中的主要矛盾是马克思主义大众化传受双方之间的矛盾,它居于矛盾系统的核心。对马克思主义大众化传受双方之间关系的理解与把握直接关系着马克思主义大众化传播结构的优化成效。

2. 创建良好的传受关系

(1)促进传受双方地位平等。良好的传受关系是一种平等的关系,这里的"平等"指的是传播者和受传者之间在人格、地位、对话权利上的平等。在传统的马克思主义大众化传播过程中,传播者因自身在传播过程中的地位和对传播信息主动权的掌握,因此通常被看作是传播过程的主导者。马克思主义大众化的内容与传播方式是由传播者来决定的,受传者只能被动地接收信息。优化当代马克思主义大众化传播结构,必须从创建平等的信息传受地位,端正马克思主义大众化传播主体的态度做起。

科技的发展丰富了信息传播的媒介、改变了信息传播的模式,促使当代信息传播呈现出鲜明的互动性。信息接收者不再是单纯地被动接收信息,而是能够自主选择信息,同时自身也可以成为信息传播的主体,马克思主义大众化传播结构优化的目标正是要构建这样一种平等的信息传受关系,使马克思主义大众化的传受双方能够进行平等、有效的沟通、交流与对话,就传播的内容与形式达成共识,使广大的人民群众愿意参与到马克思主义大众化传播的过程中过来,自觉了解、学习、交流、传播马克思主义的相关知识,优化马克思主义大众化传播的效果。

(2)满足传受双方的需要。良好的传受关系应该能够满足马克思主义大众化传受双方的需求,马克思主义大众化传播的目标不仅仅是马克思主义思想及其中国化成果的传递，更重要的是要让广大的人民群众能够掌握理论、运用理论、并自觉传播马克思主义理论，使大众的思想信仰和政治信念建立在马克思主义理论的基础之上。

在信息传播中，只有当传播内容能够满足受众的需要时，传播内容才会对受众具有吸引力，受众才有意愿去选择、获取信息，信息传播也才会因此有价值和意义。马克思主义大众化传播作为一种信息传播过程，也符合这一规律。当然，马克思主义大众化传播能够切实满足人民群众需要，实现理论宣传的目标，这也就满足了马克思主义大众化传播主体的需要。

为了实现这一目标，在马克思主义大众化传播的过程中，传播主体需要深入群众，了解人民群众的需要，切实实现人民群众的利益需求，这是优化马克思主义大众化传播结构的重要环节。

（3）促进传受双方的互动。互动性是当今信息传播的显著特性，因此，在马克思主义大众化传播中构建良好的传受关系，必须重视促进信息传受双方之间的有效互动。

现代传媒的发展，使得在信息传播过程中的信息交流与互动能够跨越时空的界限，信息的传播者和受传者能够在信息传播和对话中频繁转换身份，并在这种身份转换的过程中实现信息的交流与互动。传播者与受传者之间的互动，不但是交流沟通，更是一种信息反馈的过程。只有传播者与受众互通信息、良性互动，才能使受传者进一步理解传播者的意图及信息的内涵，才能使传播者根据受传者的反馈不断调整与优化自身的传播模式，进一步提升信息传播的效果。

（二）打造顺畅的传播链条

1. 保证传播链条的先进性

传播链条的先进性主要体现在马克思主义大众化的传播链条应该是现代化的，具有时代性且能够体现最新的信息传播技术以及大众化需求。为实现这一目标，在马克思主义大众化传播结构的优化中，应该在夯实基本传播模式，优化传统的马克思主义大众化传播方式的同时，充分利用先进的数字网络载体，构建传输快捷、覆盖面广泛、立体互动的马克思主义理论传播体系，使马克思主义大众化传播更符合现代传播规律和人们对信息的需求，推进当代马克思主义理论传播的现代化发展。

2. 保证传播链条的多元性

打造顺畅的马克思主义大众化传播链条，不仅需要保证传播链条的先进性，还需要促进传播链条的多元化发展，即拓宽马克思主义大众化传播的渠道。为实现这一目标，应将以智能手机、互联网平台为代表的新媒体传播手段和以广播、电视、报刊、书籍为代表的传统信息传播手段有机结合在一起。因为新、旧传播手段虽然在用户规模上各有不同，但各具优势，且拥有一部分固定的用户群体。促进马克思主义大众化传播链条的多元化发展，能够使马克思主义的传播覆盖到更多的用户群体，能够为马克思主义大众化传播的规模与效果提供保证。

3. 提升传播链条的实效性

顺畅的马克思主义大众化传播链条必须具有较强的实效性，这是保证马克思主义大众化传播效率的需求。提升马克思主义大众化传播链条的实效性，必须能够较好地掌握与运用新的传播技术，实现广泛传播与精准传播有机结合，同时，完善信息互动机制，保证能够高效接收人民群众的反馈信息，在第一时间回应人民群众的需求。

（三）营造和谐的传播环境

马克思主义大众化若想取得良好的传播效果，就必须为其营造一个良好的环境。优化马克思主义大众化传播结构，必须要从马克思主义大众化系统的内部环境与外部环境出发，在政策、经济、文化等外部环境的营造中为马克思主义大众化提供足够的政策、资金与舆论支持，在传播语言、传播技术等内部传播环境的营造中实现马克思主义大众化传播机制的优化。

营造和谐的传播环境，需要对马克思主义大众化传播过程中传受双方与传播环境之间的矛盾有一个深入的理解，了解不同类型的环境因素对马克思主义大众化传受双方施加影响的作用机制，再根据这些深层次的作用机制优化马克思主义大众化的传播环境。

马克思主义大众化的传播环境需要不同主体充分发挥自身的作用。党和政府作为马克思主义大众化最主要的推进主体，坚持以马克思主义为指导，为马克思主义大众化绘就发展蓝图，提供必要的政策、资金支持。传媒主体则应正确引导舆论，提升自身的服务质量，为马克思主义大众化传播提供路径保障。广大的人民群众也应发挥主人翁精神，在社会主义核心价值观的引导下，自觉学习、运用与传播马克思主义及其中国化成果，传播先进的文化，自觉抵制不良思想的诱惑，为马克思主义大众化营造良好的社会环境。

（四）选择共识性的传播内容

共识性的传播内容是指建立在传受双方彼此有相近、相似的经验和认知的基础之上，能对共同的符号文本内容保持共通性的理解和认知。传播的过程就是传播者向受传者输出和渗透思想、理论、观念与意识形态等信息，受传者对这些信息进行接收、理解、反馈、再传播。当然，在现代传播体系中，传播者与受传者之间的角色是不固定的，双方可以通过信息的互动进行角色的转变。

在信息传播的过程中，传播效果主要取决于受传者对传播内容的认可和接受程度，要提升传播效果就要求传播者必须找到与受传者之间有广泛认知基础的共识性传播内容。由于马克思主义大众化的主要内容涉及大量的哲学、经济学等理论知识，因此很容易造成受传者因内容枯燥而失去信息接收兴趣，因此，马克思主义大众化的传播主体需要在准确传达马克思主义基本观点的前提下，尽量使传播内容贴近百姓生活，反映百姓需求，将马克思主义中国化的最新成果作为传播的主要内容。

第七章 当代马克思主义大众化传播机制的完善路径

第一节 完善马克思主义大众化传播的话语转换机制

一、马克思主义大众化传播的话语转换原则

（一）掌握意识形态的话语权

话语权指的是一种信息传播主体潜在的现实影响力，话语作为解释和理解世界的一种手段和方法，能够对他人的思维与行动施加重要的影响。从国家与社会的角度来说，话语是掌握和控制世界的一种工具和武器。

意识形态是由一个人、一个集团或一种文化支持的一系列相互连接在一起的设想和期望，是一种具有明确价值取向的思维体系。马克思认为意识形态是观念的上层建筑，是从系列既定的物质利益中派生出来的一系列的思想，对意识形态的批判表现为在革命实践的基础上对资本主义生产关系的批判。而且，所有的意识形态都是对物质生产关系的反映，属于意识范畴之内，作为统治阶级的意识形态就是将统治阶级内部的关于世界的看法和基本观点上升到法律的高度，将其制度化、固定化，并被统治阶级成员接受，作为一种基本的世界观。

由此可见，在科学理论的指导下，掌握意识形态的话语权对于维护社会稳定、保证人民群众价值观的正确性十分重要。当前，我国已经迈入社会主义建设的新时代，在取得显著发展成绩的同时，需要面对新时代新挑战。这就需要有科学的理论来指导实践。

马克思主义理论是一种科学的世界观与方法论，在内容上具有科学

性与真理性,在品质上具有与时俱进的优秀特性。马克思主义的理论内容涉及生产生活实践的众多领域,对人们的生产生活实践具有普遍的指导作用,这种普遍的指导作用既反映在国家和社会发展的大政方针中,又反映在人们日常生活的各种思想观念中。更好地提炼马克思主义理论的大众话语,是推进马克思主义大众化取得良好发展成效的重要途径。

当今时代,世界形势日益错综复杂,加之信息传播手段的飞速发展,国家间的政治、经济与文化交流日益密切,这种交流的过程既是文化相互感染的过程,也是一种理念相互碰撞的过程,而且这一过程中必然会涉及意识形态,一些别有用心的国家会以文化交流或多种网络传播平台为载体进行意识形态与价值观的输出,因此,更好地提炼马克思主义理论话语,掌握意识形态话语权就显得格外重要。必须用不断创新的马克思主义大众话语引领人民群众的日常生活,避免多样化的社会思潮和生活观念对主流意识形态的影响与侵蚀。

习近平新时代中国特色社会主义思想是马克思主义中国化的最新成果,是新时代重要的理论突破。它是建立在对我国实践经验的科学总结、对发展现状的深入分析以及对国际形势的科学研判基础之上的,是新时代中国特色社会主义建设的理论支撑,是党带领人民航向下一个胜利的明亮灯塔。因此,推进马克思主义大众化,需要深化人民群众对习近平新时代中国特色社会主义思想的理解,使人民群众坚定不移地团结在以习近平同志为核心的党中央周围,为新时代中国特色社会主义的建设贡献自己的力量。

(二)坚持话语的人民性

在马克思主义大众化传播的过程中,马克思主义大众话语只有与人民群众的日常生活、实际利益紧密联系起来,才能被人民群众所认可和接受。坚持话语的人民性是由马克思主义自身的特性以及马克思主义大众化传播的要求所决定的。

首先,马克思主义理论本身具有鲜明的群众性,马克思主义重视人民群众的力量。作为马克思主义理论重要组成部分的历史唯物主义揭示了人类社会发展的一般规律,强调了人民群众在人类历史发展进程中的主体地位。人是实践的主体,人民群众是社会历史的创造者,是所有物质财富与精神财富的创造者,是促进社会变革的主要力量。

马克思主义对一种理论价值性的评判也是站在人民群众的立场之上的。马克思强调以人民群众为本,认为一种科学的理论,必须能掌握群众,必须能说服人民群众,这样才真正具有价值。马克思主义理论本身也是在总结各国无产阶级运动经验的基础上创建的,因此,从理论创始之初,马克思主义就有密切联系群众,以人民群众为本的优良品质。马克思主义大众化传播机制的构建,必须处处体现人民性,马克思主义大众化传播的话语转换机制的完善自然也不例外。

其次,马克思主义大众化传播的话语转换机制要坚持人民性也是马克思主义大众化传播的要求。在马克思主义大众化传播的过程中,话语的表达必须围绕人民群众的实际需要、利益需求与日常生活展开,这样才能更具感召力。马克思主义意识形态的建设和发展必须充分依靠和调动群众参与,紧紧依靠群众,密切联系群众,听取群众呼声,反映群众意愿,了解群众情绪,代表群众利益。

若想使马克思主义大众化取得理想的传播效果,马克思主义大众化传播的主体就必须把马克思主义大众化的宣传话语与广大人民群众的切身利益、实际需要与日常生活密切结合起来,把马克思主义理论和精神实质变成社会政治经济生活中的重要思想元素融入广大人民群众的日常生活之中,使之成为人们日常生活的一部分,逐渐把作为国家意识形态的马克思主义转换为广大人民群众的大众意识,这就需要在马克思主义大众化传播过程中坚定不移地遵循马克思主义大众话语的人民性。

(三)增强话语的时代感

在中国特色社会主义建设的新时代,社会的主要矛盾以及发展理念都有了较大的变化,同时,随着信息技术与网络技术的突飞猛进,信息传播媒介的种类越来越多，技术手段也越来越先进。怎样在马克思主义大众化的过程中体现时代的精神、融入全新的理念的同时，创新马克思主义大众化传播的载体和手段、转变宣传话语方式，充分体现时代性、凸显现代性、增加亲和力，不断提高马克思主义理论对广大人民群众生产生活实践的引导水平，是完善当代马克思主义大众化传播机制，实现马克思主义大众化传播过程中话语良好转换的重要理论课题。增强话语的时代感，主要从以下几个方面展开。

1. 创新话语表达方式

创新话语表达方式要求在马克思主义大众化传播的过程中，语言的使用要尽量贴合时代的特征与人民群众的生活，要用符合人民群众喜好的语言形态来表达马克思主义的科学理念，并借助大众媒体的便捷传播获取人民群众的广泛认同。

2. 创新话语传播载体

推进马克思主义大众化，还要注重紧跟时代脚步，不断运用新的传播媒介为马克思主义大众化传播开辟新的阵地。随着时代的发展，处于时代前沿的信息传播技术也在不断地更新、发展之中，新的传播业态不断涌现，推进马克思主义大众化，必须善于运用新的传播媒介，这样才能更加贴近群众的生活，更加容易被广大人民群众所接受。

3. 创新话语表达路径

新时代进一步提升马克思主义大众化的效果，必须创新马克思主义大众化的话语表达路径，充分满足人民群众的知情权与参与权。对于群众高度关注的新闻与事件，要将最新的消息第一时间传递给群众，不断提高马克思主义理论作为国家意识形态的承载力和公信力。

二、马克思主义大众化传播的话语转换维度

（一）话语语境维度的转换

在马克思主义大众化传播过程中，话语转换虽然是传播主体主观意

识的产物，但却在很大程度上受到客观传播语境的影响。从宏观的外部语境来观察，一个历史时期社会政治、经济、文化的重大变革和转型，必然引发意识形态话语传播语境的深刻变化，这也是马克思主义大众化传播话语创新和发展的时代语境。

马克思主义大众化传播话语的发展需要符合大众的实践诉求，否则，就会给传播者与受众之间的沟通以及传播效果的提升带来一定阻隔和障碍，进而严重影响马克思主义大众化传播的实效性。话语作为信息传播的重要媒介，承载着马克思主义理论的基本内容，并体现时代特征与现实语境。在中国特色社会主义建设的新时代，网络技术和信息传播技术迅猛发展，马克思主义大众化传播环境正在经历深刻的变革。如何适应网络传播环境是话语语境维度转换面临的重要课题。

（二）话语内容维度的转换

马克思主义大众化传播还需要重视话语内容维度的转换。由于马克思主义大众化传播最重要的主体是党和政府，因此，马克思主义大众化的传播承担着巨大的政治责任，但这种责任也会导致政治话语、文件话语以及权力话语大量充斥在马克思主义大众化传播的过程之中，并使之逐渐充斥马克思主义大众化传播过程的始终，逐渐成为马克思主义大众化传播的主要话语形态，这种现象在传统的马克思主义大众化传播过程中广泛存在。

马克思主义大众化若想取得更好的传播效果，就必须转变话语内容的维度，因为传统的马克思主义大众化传播话语内容与人民群众的切身生活相去甚远，使马克思主义大众化传播流失了话语所具有的语言感化魅力和话语叙事的价值意义，不利于激发人民群众接收马克思主义理论的热情。因此，当代马克思主义大众化必须注重话语内容维度的转换，将官话、套话转化为人民群众喜闻乐见的话语内容。

（三）话语方式维度的转换

话语交往中的正当性要求人们在沟通的过程中能够平等地开展交流，

并且能够进行充分的互动。在传统的马克思主义大众化传播过程中,信息传播主体的马克思主义大众化传播话语的表达方式常常以理论化的、说教性的、劝导式的形式出现,信息传播者与受众之间的关系明显呈现出一种不平等的关系。

这种话语表达方式不仅忽视了马克思主义大众化传播的内在规律,而且忽视了马克思主义大众化传播对象的心理特征和接受能力,淡漠了不同受众群体的利益与需要,不利于马克思主义大众化实现预期的传播效果。因此,在马克思主义大众化传播中,要注重话语方式维度的转换,实现传播主体与人民群众之间的平等交流。

三、马克思主义大众化传播的话语转换路径

(一)文本学理话语向通俗叙事话语的转换

马克思主义是一种科学的世界观和方法论,不仅正确阐释了人类社会运行发展的规律,而且对人类的生产生活实践具有科学的指导作用。但鲜明的科学性与理论性很容易导致马克思主义在传统的马克思主义大众化传播话语表达中呈现为一种文本学理话语。

因此,若想使马克思主义理论体系中丰富的思想内容让普通大众理解和接受,不仅要靠理论内容本身的真理性、科学性,还要依赖于话语表达的可接受性,即要把马克思主义经典作家的抽象理论转化为通俗易懂的叙事话语形式。让人民群众理解理论的前提是让人民群众认识理论,这就需要依赖相对通俗的语言表达形式。

(二)主流文化话语向大众文化话语的转换

主流文化(又称官方文化)是一个社会、一个时代受到倡导的、起着主要影响的文化,主流文化是一个国家或一个民族长期秉承的本位文化,它深刻而持久地影响着全体社会成员的思想观念和价值取向。对于我国来说,主流文化就是马克思主义文化,它既包括马克思主义经典理论,还包括马克思主义一系列的中国化理论成果。

大众文化指的是以大众传播媒介为手段，按商品市场规律去运作、旨在使大量普通民众获得感性愉悦的日常文化形态。大众文化一方面与官方主流文化、学界精英文化相互区别和对应，另一方面也是同传统自然农业经济社会里的各种民间文化、通俗文化有着一些原则差异的，商业性、流行性、娱乐性和普及性可以说是其最主要的基本特征。

主流文化与大众文化均是社会文化形态的重要组成部分，二者各有优势，缺一不可。大众文化的崛起改变了我国主流话语单一性体系，对于当代中国人的情感结构、生活方式以及表达方式具有十分重要的影响，而主流文化的重要职责之一就是对大众文化进行合理的引导。推进马克思主义大众化，既要坚持传播马克思主义的基本原理，还要使内容贴近群众生活，用人民群众喜闻乐见的形式去呈现马克思主义的内容，这就需要在马克思主义大众化传播的过程中重视主流文化话语向大众文化话语的转换。

（三）意识形态话语向日常生活话语的转换

意识形态话语向日常生活话语的转换是意识形态感性化和生活化发展趋势的必然结果。话语的表达方式是能否实现意识形态效用和功能的重要方面，感性化和生活化的话语表达是实现马克思主义大众化传播的必然逻辑。

我国的马克思主义大众化传播具有鲜明的社会主义意识形态的特征。随着新时代的到来，当代马克思主义大众化传播中的理论话语必须回归大众的生活话语，无论是马克思主义大众化传播中话语的表达形式还是表达内容，都需要贴近广大人民群众的生产生活，这样才能切实推进马克思主义大众化的传播。

实现意识形态话语向日常生活话语的转换，首先需要马克思主义大众化传播主体深入基层，向广大的人民群众学习大众化语言，了解群众语言的表达风格与特点。其次，马克思主义大众化传播主体还需要向中国传统文化寻找话语资源。马克思主义大众化内在地包含着马克思主义民族化，要使不同民族的群众都得到马克思主义理论的涵养和指导，就必须在语言风格上体现民族特色和民族语言表达习惯，这就要求与中华民族源远流长的传统文化相结合。最后，马克思主义大众化传播主体需要坚持"从群众中来，到群众中去"的工作方法，重视人民群众的主体地位。

第二节 完善马克思主义大众化传播的长效工作机制

一、建设与优化马克思主义大众化传播队伍

（一）理论研究队伍的建设

理论源于实践，科学的理论对实践具有指导作用。科学理论是实践的先导，具体到马克思主义大众化中，无论是马克思主义大众化内容的丰富发展，还是马克思主义大众化进程的科学推进，都需要坚持进行马克思主义的理论研究。

马克思主义大众化，不仅需要关注传播的过程，还需要关注马克思主义理论研究的推进。理论研究与理论普及是马克思主义大众化过程中的两个重要方面，两者相辅相成，相互促进，对马克思主义大众化传播具有重要的影响。理论的学术研究与大众化普及之间并不矛盾，理论研究不是闭门造车，而是在实践中求得真知的过程。马克思主义理论研究的发展需要以马克思主义大众化的推进为基础，在实践中不断总结新的经验，形成新的理论。同样，马克思主义理论的普及也离不开理论研究，科学的理论对实践具有积极的指导作用，只有在科学理论的指导下，马克思主义及其大众化普及才能取得不断发展。

人是实践的主体,无论是马克思主义大众化的相关理论研究,还是马克思主义大众化传播过程的推进,都需要具备较强专业素质的研究人员来完成。特别是要完成好马克思主义大众化传播这样一项集政治性、思想性、时代性、艺术性于一体的富有挑战性的工作,没有一支政治素养高、理论功底扎实、富有创造力的马克思主义理论研究队伍是不可能的。不断深化马克思主义理论研究,不断增强理论说服力,找到理论与实践相结合的契合点,是推动马克思主义大众化传播的有力支撑。当然,推进马克思主义大众化,还需要传播、社会学等领域的专业研究人才。因此,若想切实提升马克思主义大众化的传播效果,就必须建立一支专业素质过硬的理论研究队伍。

(二)媒体传播队伍的建设

媒体是马克思主义大众化传播的重要媒介。新时代构建马克思主义大众化长效工作机制,必须重视媒体传播队伍的建设,特别是要打造一支思想信念坚定、专业素质过硬的新媒体传播队伍。

随着科技的进步与时代的发展,新媒体由于具有数字化、互动性、即时性、个性化、低成本以及内容丰富性等特点,现已成为最主要的大众传播媒介,理应成为马克思主义理论传播体系的主要媒介形式,并使之成为不断提高舆论引导水平和传播能力的主导力量。新媒体传播技术的快速发展,为全方位地推进马克思主义大众化传播创造了条件。

因此,若想使马克思主义大众化取得理想的成效,就必须把握并利用好新媒体,使之成为马克思主义大众化传播的新载体,并围绕其打造一支专业素质过硬的新媒体传播队伍,为新时代马克思主义大众化的传播夯实路径基础。

打造高素质的新媒体传播队伍,首先需要加强对媒体传播队伍的理论教育。由于工作的原因,新闻媒体从业人员广泛接触各类信息,且自身是马克思主义大众化传播的重要主体,因此,必须保证马克思主义大众化传播的新媒体从业人员具有坚定的理想信念,且对马克思主义理论具有深入的理解。其次，还要完善新媒体传播队伍的知识结构，提升其综合素质。马克思主义大众化传播的新媒体从业人员需要具备较为全面的知识结构，这样才能保证在马克思主义大众化传播的过程中能够讲好马克思主义。

（三）教育传播队伍的建设

以高校为代表的教育系统是马克思主义大众化传播的重要阵地，教育系统在马克思主义大众化传播中具有以下几点优势，其一，教育系统能够系统开展马克思主义理论及其中国化成果的教育，具有较强的学术性。其二，教育系统的马克思主义大众化传播者普遍具有较高理论素养，具有较强的科研能力。教育系统推进马克思主义大众化传播，离不开一支高素质的教育传播队伍。

教育传播队伍建设是推动马克思主义大众化的重要力量。马克思主义理论宣传普及的实现程度直接取决于教育传播队伍的整体素质和实践能力。培育一支思想政治信仰坚定、理论素养高、教育传播能力强、通晓现代媒介传播技术的复合型、创新型的教育传播队伍，是实现马克思主义大众化传播的人才保障。

建设一支高素质的教育传播队伍，首先要保证教育传播者必须具有坚定的马克思主义理论信仰。马克思主义理论教育传播工作者必须是马克思主义理论的坚定信仰者和忠诚传播者。坚定的政治信仰是履行好理论传播职责的基础和前提。其次，教育传播者要兼具马克思主义理论专业素养和现代传播技能。只具备理论素养对于教育工作者来说是远远不够的，若想达到良好的教育目标，还需要具备能将自身的知识通过科学的表达方式传授给受教育者的能力。

二、完善马克思主义大众化传播政策

（一）完善大众媒体传播政策

为马克思主义大众化传播提供政策保障与支持，首先需要完善大众媒体传播政策，因为大众媒体是马克思主义大众化传播最重要的媒介与主阵地。大众媒体是当今时代信息传播的主流，不同类型的大众媒体广泛存在于人民群众日常的生产生活之中。若想巩固大众传播媒体在马克思主义大众化传播中的中坚地位，就必须对大众媒体进行规范化管理，并给予其足够的政策支持。

完善大众媒体传播政策，首先需要落实大众媒体的亲民化及制度化安排。在中国特色社会主义建设的新时代，新媒体成为信息传播的最主要渠道，网络作为一种新的传播工具和交流手段，已经成为普通民众最重要的公众参与形式，更富有时代特征。以人为本、坚持走群众路线，就是做事情、做决策都需要广泛听取人民群众的意见，集中人民群众的智慧。马克思主义大众化同样也是如此，因此，凭借大众媒体推进马克思主义大众化，就必须落实大众媒体的亲民化及制度化安排，使马克思主义大众化传播的主体能够从人民群众中汲取智慧。

其次，完善大众媒体传播政策还需要建立良性互动的网络参与机制，引导大众信息传播向健康的方向发展，这既是营造良好的马克思主义大众化传播生态的需求，也是现代信息传播互动性特点的要求。

（二）完善社会群体参与政策

马克思主义大众化传播的社会群体参与是指社会组织、企事业单位和个人作为传播主体，在马克思主义大众化传播中通过合法的途径和方式，进行有目的地、自觉地传播马克思主义理论和思想的社会行动。马克思主义大众化是针对大众全体的、人人参与的一项事业。

从广义上来看，马克思主义大众化传播的主体不仅包括党和政府、研究学者、传播媒体，还包括广大的人民群众，在社会互动理论中，人人都可以成为马克思主义大众化传播的主体。马克思主义大众化传播的理想状态就是全民参与，包括全民学习、全民运用、全民传播。

若想科学引导广大人民群众正确、有序地参与到马克思主义大众化传播的过程中来，就必须完善社会群体参与政策，这需要从以下几点做起。

首先，要建立健全有利于公众参与的良性互动机制，如动力机制、激励机制、控制机制和保障机制等，使传播机构和政府主管部门能够与群众之间形成良性互动，使马克思主义理论与党的政治治理、社会管理政策和措施都能在这种互动过程中得以贯彻与落实。

其次，要落实制度化安排。完善社会群体参与政策不能只停留在纸面上，还要落实到具体的实践中，即把社会群体的参与政策用法律规范确定下来，通过政治社会化将人民群众的政策参与纳入规范合法的轨道。

再次，要加强参与型的政治文化和社会生态建设，完善社会群体参与政策的目的不是用制度性规范约束广大人民群众的行为，而是要使广大人民群众树立主人翁意识，积极培育人民群众的自主意识和参与意识，为政策参与创造良好的氛围和条件。

最后，要不断扩大宣传教育的广度和深度，这里的宣传教育既包括马克思主义理论的宣传教育，还包括社会群体参与政策与制度的宣传与教育，要针对不同的群体采取不同宣传教育政策，使广大人民群众切实感受到马克思主义的先进性以及国家政策与制度的科学性。

三、融合与控制马克思主义大众化传播媒体

（一）融合与控制马克思主义大众化传播媒体的重要性

当今时代，网络和数字技术的飞速发展促使媒体格局产生了深刻的调整，并为社会舆论生态带来了重大的变化，以新媒体为代表的信息传播新方式的发展速度愈发加快，传播覆盖范围不断扩大，给传统媒体带来了非常大的冲击。

从近年来媒体发展的趋势来看，传统媒体的受众规模不断缩小，市场份额逐渐下降，大部分人选择通过新媒体获取信息，互联网已经成为人们获取信息的主要途径；从舆论生态变化的角度来看，新兴媒体对社会舆论的影响力不断增强，已经成为社会舆论的重要主导者之一，而大量舆论的产生与发酵给传统媒体的舆论引导能力带来挑战的同时，也考

验着新兴媒体的舆论控制能力；从意识形态的视角来看，以互联网为载体的各种类型的信息传播平台已经成为舆论斗争和思想理论讨论的主战场，直接关系我国意识形态安全。

可以看出，在当今时代，新兴媒体面临着网络信息过载带来的重要考验，而传统媒体已经来到了一个生死存亡的重要关口。在这种情况下，要大力提升马克思主义大众化传播力，实现传统媒体和新兴媒体的融合发展已刻不容缓。

（二）融合与控制马克思主义大众化传播媒体的方法

1. 努力形成适应媒体融合发展的新思想和新观念

正确的理念与观念对行动更具有良好的引领作用，若想更好地融合与控制马克思主义大众化传播媒体，实现传统媒体与新兴媒体的有机融合发展，就必须转变思维，用新思想与新观念引领实践的开展。

首先，应该树立新旧媒体一体化的观念，传统媒体与新兴媒体一体化发展是当代媒体融合的内在要求和基本方向。目前，绝大部分的传统媒体已经与新兴媒体进行了互动与融合，传统媒体借助网络平台拓展业务，提升自身的信息传播能力。虽然目前新旧媒体在一体化方面取得了一定的成绩，但是一体化进程仍有很长的路要走，这就需要树立并坚持新旧媒体一体化的观念，坚定不移地推进新、旧媒体融合发展。

其次，要发扬勇于创新、攻坚克难的精神，因为新旧媒体的融合不是简单地让传统媒体走入网络，传统媒体有其自身的优势，如信息权威性较强、信息准确性高等。新旧媒体一体化的进程是要探寻一个完善的新旧媒体融合模式，在实现新旧媒体融合发展的过程中充分继承两者的优点。

2. 以技术为支撑推动媒体融合发展

技术是推进新旧媒体融合发展的核心，创新是引领发展的第一动力。新时代新旧媒体融合发展取得成效的关键就在于技术创新，要想进一步推进新旧媒体的融合发展，必须以技术为支撑，重视技术开发的作用。

3.增强媒体信息内容的核心竞争力

对于传播媒体来说，内容永远是根本，是决定其生存与发展的关键所在。新时代增强媒体信息内容的核心竞争力，主要从以下几方面着手。

首先，要保证传播内容的专业性与权威性，具体到马克思主义大众化中，就是要传播马克思主义及其中国化成果的相关科学论述，虽然在具体的内容形式上可以进行创新，但不能随意调整和更改理论的基本内涵。

其次，要注重信息的组织。当今时代，网络信息过载现象十分严重，若想实现良好的信息传播效果，就必须科学组织传播的内容，使内容精简、科学且贴近人民群众的生活。

最后，在传播内容展示上实现多媒体化。在新媒体环境下传播马克思主义理论，必须采取多媒体化的展示方式，以多样化的展示、多介质的推送，使马克思主义大众化的传播内容动起来、活起来。

4.建立相应的组织结构、传播体系和管理体制

推动媒体融合发展，既需要进行技术升级、平台拓展、内容创新，也需要对组织结构、传播体系和管理体制做出深刻的调整与完善。虽然我国目前在新旧媒体融合发展的体制、机制构建上取得了显著的成效，但仍存在可提升的空间，必须加快改革步伐，积极探索创新，推动形成一体化发展的体制、机制，为融合发展提供坚实保障和有力支撑，促进马克思主义大众化取得更好的传播效果。

第三节　完善马克思主义大众化传播的效果评价机制

一、马克思主义大众化传播效果的评价主体

马克思主义大众化传播效果的评价主体指的是在马克思主义大众化传播效果的评价过程中，组织、参与和决定传播效果的机构、组织和个人。在我国的马克思主义大众化传播系统中，马克思主义大众化传播效果的评价主体是多元的，评价主体的多元化也是现代评价体系的重要特征之一。作为马克思主义大众化传播效果的评价主体，既可以是社会生活中特定或不特定的个人，也可以是特定或不特定的社会组织或机构集体，甚至可以说是整个社会。笔者在这里讨论马克思主义大众化传播效果的评价，着重从信息传播者与受传者两个主体层面展开研究。

（一）马克思主义大众化传播者

这里所说的马克思主义大众化传播者指的是马克思主义理论工作者和媒体传播者，作为马克思主义大众化传播的主体，马克思主义理论工作者和媒体传播者能够以传播者的身份从专业的视角获知信息的影响力，主管部门和专业的评价机构也可以通过各种指标的计算和反馈确定传播效果。马克思主义大众化传播者在对马克思主义大众化传播效果的评价上具有较强的科学性与权威性，其评价结果通常能反映马克思主义大众化传播的整体特征。

（二）马克思主义大众化受传者

这里所说的马克思主义大众化受传者指的是广大的人民群众，马克思主义大众化本身就是一个信息传播的过程，信息传播的实际效果如何，信息传播的受众最为清楚。广大的人民群众对马克思主义大众化的认可程度和接受程度，反映了马克思主义大众化的实现程度。广大受众是马克思主义大众化传播效果最直接的评价主体，其评价能力和水平、反馈意识和再传播的意识等，在一定意义上都能够影响或制约马克思主义大众化的规模及其发展空间。广大受众的评价对传播效果的证明力更强，也更能体现马克思主义大众化传播的实际成效。

因此，在完善马克思主义大众化传播效果评价机制的过程中，应当建立开放、宽松的评价氛围和评价机制，鼓励社会普通大众参与到传播效果的评价中，充分发挥大众在传播效果评价中的主体作用，并能让他们更多地参与评价标准的制定和实施，使其评价更具针对性和实效性。

二、马克思主义大众化传播效果的评价标准

（一）传播主体维度

传播主体是马克思主义大众化传播的实施者。因为马克思主义理论本身的意识形态功能，其传播效果的考量不同于一般的信息传播，应主要从政治效果、社会效果和文化效果进行综合考量。政治效果应主要考量是否有利于密切党和群众的关系，是否有利于巩固党的执政地位等；社会效果应主要考量是否有利于统一社会思想、矫正社会心理、协调社会利益冲突、构建社会主义和谐社会等；文化效果应主要考量马克思主义理论及其发展成果是否能成为主流文化渗透于人们的生产生活实践，是否能成为凝聚各阶层群众的共识，是否能引领社会思潮健康发展，是否能推动社会主义文化的大发展大繁荣，是否能提升国家文化软实力等。

(二)受众维度

受众维度应以马克思主义被人民群众所理解和掌握的程度为评判标准。马克思主义被广大人民群众理解和掌握的程度是评判马克思主义大众化效果的基础和前提。受众维度进行马克思主义大众化传播效果的评价主要包括以下几个方面。

首先,马克思主义能否被大多数人所接受。其次,马克思主义能否被人民群众所理解、理解的程度如何和是否能被群众主动运用到实践之中。再次,人民群众对马克思主义大众化传播路径的认可程度如何。最后,人民群众是否能够自觉进行马克思主义理论的传播。

(三)现实维度

真理有理论逻辑的力量,更具有良好的实践特性。马克思主义理论发展的强大生命力,在于它对人类社会发展基本规律和基本问题认识、理解和把握的程度与水平,在于其能够从实践中来,再回归到实践中去,在这种循环往复的过程中实现自身的发展。

评价马克思主义大众化传播效果,必须将其放到当下的社会实践中来,马克思主义大众化在实践中取得了怎样的成果,马克思主义大众化对于实践具有多大程度的促进作用,马克思主义大众化是否解决了广大人民群众的实际问题,是否满足了广大人民群众的实际需要,马克思主义理论能否对不断变化和发展的现实问题给出有力的解释,能否提供解决问题的思路,能否对未来发展趋势做出科学的、合理的前瞻性预测等。这些都是现实维度评价马克思主义大众化传播效果的重要标准。

(四)发展维度

马克思主义是发展的理论,同样,发展性也是马克思主义大众化的重要特性,因此,评价马克思主义大众化传播效果,不仅要从现实的维度对其进行评价,还要从发展的维度对其进行考察。

从发展的视角来看,马克思主义大众化传播效果的评价标准应考量理论目标及其目标发展的可持续性,这一目标主要显示的是马克思主义大众化发展的方向。马克思主义大众化的实现不是轻而易举就能完成的，而是一个长期的发展过程。对马克思主义大众化传播效果的评价也要注重马克思主义大众化发展过程的可持续性。

发展性是马克思主义大众化的重要特性。马克思主义大众化传播是一个与时俱进的过程，在这一过程中，马克思主义大众化会受到诸多因素的影响，因此，考察马克思主义大众化传播的现实效果时，还应该从发展的视角审视马克思主义大众化的传播效果。

第八章　当代马克思主义大众化传播的主渠道建设

第一节 马克思主义大众化传播的主渠道：思想政治理论课

一、思想政治理论课概述

（一）思想政治理论课的性质

这里讨论的思想政治理论课主要指的是高校思想政治理论课。所谓高校思想政治理论课，指的是为大学生提供的关于马克思主义理论方面和思想政治教育方面的一整套的综合性课程体系。思想政治理论课的性质如图 8-1 所示。

图 8-1 思想政治理论课的性质

1. 政治性

思想政治理论课主要是针对大学生开展政治教育，其主要的人才培养目标是通过思想政治理论的学习，帮助大学生形成正确的政治认知、良好的政治信仰和鲜明的政治立场。可以说，政治性是高校思想政治理论课的本质特性。

思想政治理论课能够通过一系列的教育，如马克思主义政治理论领域的教育、社会主义理想信念领域的教育、政治立场和政治方向教育、强烈的爱国主义和浓厚的集体主义等其他系统领域的政治教育，不断地有意识、有目的、有计划地向大学生传输各种政治文化，进而不断地提升大学生的政治观察能力和分辨能力，不断地勾起大学生的政治兴趣与热情，有效地提高学生的政治素质，并提升学生的思想道德素质。

2. 思想性

思想性指的是思想政治理论课能够对大学生的思维产生积极的引导作用，思想政治教育能够使学生学习与掌握更多科学的世界观与方法论，开展思想政治理论课教育，有利于大学生运用各种科学观点去正确、科学、全面地认知事物，有助于学生形成正确的世界观、人生观和价值观。

思想政治理论课不仅有着丰富多彩的内容，还具有完整、全面的理论体系，这些都是经过实践检验的科学的理论。我国思想政治理论课的主要教学内容是马克思主义理论及其中国化成果。马克思主义理论是科学的世界观与方法论，对人类社会的发展有着清晰的认知，对人类的实践具有科学的指导作用。马克思主义中国化的成果是党和国家在充分分析中国实践的基础上，创造性地将马克思主义与中国实际相结合的产物，是中国化的马克思主义，是符合中国实际的马克思主义。

开展思想政治理论教育，能够有效地对学生传输辩证唯物主义和历史唯物主义方面科学的世界观与方法论，从而有利于学生正确认识世界，掌握马克思主义领域的各个世界观和方法论，进一步培养他们分析、解决一系列具体实际问题方面的能力。同时，能够帮助学生进一步加深对于中国社会的理解，加深对于党的大政方针以及各项政策的理解。

思想政治理论课将为人民服务作为核心内容，以集体主义为原则对学生进行社会主义核心价值观教育，从而有效地帮助他们培养并养成高尚的理想情感操守和良好的道德品质，树立起彰显中华民族特色和宏伟的时代精神的高尚的社会主义价值标准和正确的道德规范。

3. 科学性

科学性是马克思主义理论及其中国化成果最为鲜明的特性之一，当今时代，我国思想政治理论课教育的核心内容就是马克思主义理论及其中国化成果。这些科学的理论对人类社会漫长历史的本质和发展规律作出的科学阐述，且有效地将自身的理论与各个具体实际经验紧密地连接在一起，以人与世界之间的关系作为研究对象，凭借概括自然科学和社会科学领域的各项成果，揭示人类社会的发展规律，诠释中国的发展方向。从内容上来看，思想政治理论课具有鲜明的科学性。

4. 德育性

德育并非一门专业课程，但却是现代教育的重要理念与重要内容。国无德不兴，人无德不立。纵观中国五千年历史长河，"德"一直是评价一个人，甚至是一个政权的重要标准。在中国特色社会主义建设的新时代，"德"对于个人与国家的发展来说愈发重要。"德"既指一种高尚的品德与情操，也表示一种正确的价值观，德育的任务就是培养和提升人们这种高尚的情操与正确的价值观。

思想政治理论课程通过对学生进行各种思想政治教育，能够在很大程度上增强学生的思想道德素质，因此，思想政治理论课具有十分重要的德育作用。新时代的思想政治理论课，要以高尚的道德情操教育学生，以社会主义核心价值观引领学生。

5. 发展性

思想政治理论课的发展性主要体现在两个方面，分别是从教育课程层面来观察的教学发展性以及从教学内容层面来观察的内容发展性。

首先，作为思想政治理论课的核心内容，马克思主义理论及其中国化成果本身具有鲜明的发展性。与时俱进是马克思主义的精髓，一个科学的理论必须立足于实践，伴随着时代的发展而不断丰富发展，才能始终保持强大的生命力。马克思主义中国化的成果就是马克思主义与中国实践不断结合的产物，是马克思主义理论发展性的典型体现。

其次，作为一种教学活动来说，学校开设的思想政治理论课不仅要有明确的教学目标和教学内容，而且也要紧随时代的发展步伐以及现实生活的各种需要，并能够伴随着大学生的具体思想情况和各方面需求的变化而做出改变。一门课程若想取得良好的人才培养效果，就必须以先进的教育理念为指导，不断调整、优化课程教学的模式。

（二）思想政治理论课的基本构成

讨论思想政治理论课的基本构成，主要是从课程内容的角度出发来研究的。思想政治理论课的基本构成如图 8-2 所示。

图 8-2　思想政治理论课的基本构成

1. 以马克思主义基本原理教育为主题的课程

这类课程主要包括"马克思主义基本原理概论"和"马克思主义经

第八章 当代马克思主义大众化传播的主渠道建设

典著作选读"等,这类课程重点在于通过对马克思主义基本原理的详细教学,对大学生进行科学的世界观、方法论教育,培养学生的理论思维能力,使学生通过对这些课程的学习,能够系统地掌握马克思主义基本原理,能够提高运用马克思主义的立场、观点和方法综合分析问题和解决问题的能力。

2. 以马克思主义中国化理论成果为主题的课程

这类课程的教学内容主要是马克思主义与中国具体实际相结合形成的理论成果,主要包括毛泽东思想、邓小平理论、"三个代表"重要思想、科学发展观与习近平新时代中国特色社会主义思想。

这类课程重点在于帮助大学生正确认识马克思主义中国化成果与马克思主义一脉相承的关系,增强大学生对马克思主义中国化重要意义的认识,从而使他们能够更好地掌握马克思主义、毛泽东思想、邓小平理论、"三个代表"重要思想、科学发展观与习近平新时代中国特色社会主义思想等强大的思想武器。

3. 以中国的革命与建设历程为主题的课程

开设这类课程的目的是让学生更好地了解我国的历史、了解中国的国情,深刻领会中国历史和中国人民为什么选择了马克思主义,马克思主义是怎样指导我国的革命与建设实践的。通过这类课程,能够充分激发学生的爱国情感,增强学生的历史使命感与时代责任感,激励学生为新时代中国特色社会主义的建设贡献力量。

4. 以运用马克思主义认识当今世界形势为主题的课程

这类课程的主要内容是帮助学生以马克思主义的立场、观点和方法正确地认识当今国际、国内形势,这类课程包括"当代世界经济与政治"和"形势与政策"等。这类课程能够有效开阔学生的视野,帮助学生更好、更全面地了解世界,了解中国。

5. 以德育教育为主题的课程

这类课程的主要内容是通过思想道德教育,帮助学生树立正确的世界观、人生观与价值观，提升学生的思想道德素质，增强学生的法治观念与法治修养。

（三）思想政治理论课的特点

思想政治理论课并非以教授专业知识与技能为主的课程，但也是我国教育体系中重要的组成内容。思想政治理论课的特点如图 8-3 所示。

图 8-3　思想政治理论课的特点

（图中内容：时代性、整体性、针对性、发展性、实践性——思想政治理论课的特点）

1. 时代性

时代性指的是思想政治理论课的教学是围绕中国实践开展的，其内容是具有鲜明的时代特征的。作为思想政治理论课重要教学内容的毛泽东思想、邓小平理论、"三个代表"重要思想、科学发展观和习近平新时代中国特色社会主义思想是马克思主义中国化的重要理论成果，是中国共产党人在领导中国人民进行革命、建设和改革开放过程中把马克思主义基本原理与中国具体实践相结合的理论成果，是符合中国在不同时代发展需求的科学指导理论。

通过这些课程的教学，不仅能让学生明白马克思主义是如何指导中国人民开展实践，以及如何从实践出发，正确地运用马克思主义科学理论解决实际问题。

2. 整体性

思想政治理论课的整体性体现在其系统开展马克思主义理论教育上，思想政治理论课不是对马克思主义及其中国化成果的简单介绍，而是对其进行全面的阐述与系统的分析，目的是让学生能够深入理解马克思主义的基本原理，对于党和国家的大政方针的理解更上一层楼。

3. 针对性

思想政治理论课的针对性是与其德育的本质密切相连的，思想政治理论课与其他专业课的最大区别在于它是"育人"的课程，它不仅注重对学生智力因素的提升，还着力于学生非智力因素的培养和提高。不同类别的思想政治理论课的育人目标十分明确，有的针对的是学生思想道德素质的培养与提升，有的则着眼于学生法治观念的培养与健全。这些课程的设置，针对当代大学生的思想状况与认知规律，充分体现了党和国家对青年一代的关心和爱护，也体现了党中央在青年问题上的高瞻远瞩。

4. 发展性

思想政治理论课的发展性集中体现在教学内容的发展上，思想政治理论课的教学内容是马克思主义理论及其中国化成果，这些科学的理论是建立在实践基础之上，马克思主义理论具有鲜明的发展性，会随着实践的发展不断丰富与发展。因此，思想政治理论课的教学内容同样也处于不断的发展之中。

思想政治理论课作为一种课程教学需要根据教育理念的更新与发展不断调整、优化教学模式。无论从教学内容上还是教学过程上来看，思想政治理论课都具有鲜明的发展性。

5. 实践性

思想政治理论课的教学要求必须能够使学生有效地将所学习的知识与具体实际情况紧密结合在一起，也就是要将马克思主义理论及其中国化成果运用到各项实践活动中去，这样，思想政治理论课的教学目标才能得以实现。实践是检验真理的唯一标准,只有将思想政治理论课的教学内容运用到实践之中,才能更有效地培养和提升学生的思想道德素质。

二、思想政治理论课何以是马克思主义大众化传播的主渠道

在讨论思想政治理论课为何是马克思主义大众化传播的主渠道的时候,笔者重点阐释的对象是高校思想政治理论课,因为高校思想政治理论课的具体内容是较为全面、系统的,其面对的对象也是知识体系相对比较成熟的大学生群体。思想政治理论课何以是马克思主义大众化传播的主渠道,主要有以下几点原因,具体内容如图8-4所示。

图8-4 思想政治理论课何以是马克思主义大众化传播的主渠道

(一)思想政治理论课与马克思主义大众化在本质上具有一致性

思想政治理论课的目的是全面培养和提升学生的思想道德素质,帮助学生树立正确的世界观、人生观与价值观,使学生了解马克思主义、掌握马克思主义,能够运用马克思主义的科学理论指导实践的开展。党和国家推进马克思主义大众化的目的是使广大的人民群众了解、掌握马

克思主义的科学理论,并能够自觉运用与传播马克思主义。从思想政治理论课与马克思主义大众化的目的来看,两者具有较强的一致性。

马克思主义大众化的本质是用科学理论武装人民群众,将马克思主义的核心价值理念内化于人们的精神生活过程中,帮助广大的人民群众塑造正确的价值观念,为人民群众开展生产生活实践提供科学的方法论指导,提升人民群众对马克思主义理论及其中国化成果的认同情感,进而维护主流意识形态安全。

人民群众是历史的创造者,新时代中国特色社会主义事业不仅是党的事业,更是中华民族的事业,是亿万人民群众的事业,只有把人民群众培养成合格的社会主义建设者,才能强有力地推进新时代中国特色社会主义事业的建设,只有当科学的理论被广大人民群众所理解和掌握,才能真正推动实践不断向前迈进,马克思主义大众化的推进正是基于这一历史职责和发展规律而展开的。

思想政治理论课承担着对学生进行系统的马克思主义理论教育的任务,特别是高校思想政治理论课,是推进大学生思想道德教育的主阵地,它通过开展马克思主义理论及其中国化成果的教育,科学引导学生树立正确的价值观念,自觉运用马克思主义理论改造客观世界。

综上所述,可以看出,马克思主义大众化与思想政治理论课程在育人方面具有本质、内容、目标上的一致性,两者最主要的区别体现在传播途径与面向人群上。

(二)思想政治理论课是推进马克思主义大众化的重要路径

马克思主义大众化与思想政治理论课程在本质上的一致性表明,思想政治理论课同样具有马克思主义大众化传播的作用,思想政治理论课在信息传播途径与对象范围上被马克思主义大众化所包含在内,因此,可以说,思想政治理论课蕴含于马克思主义大众化之中,是马克思主义大众化的重要路径之一。

马克思主义大众化是大学生思想政治理论课的重要任务和目标。在我国高校开设的诸多课程之中,思想政治理论课是唯一一类向学生系统全面介绍马克思主义基本原理和马克思主义中国化两大理论成果的课程。其政治目的非常明确,就是完整系统地向大学生传播主流意识形态。

思想政治理论课的中心内容是教授学生马克思主义中国化理论成果的相关知识,课程的安排必须围绕当代马克思主义中国化理论成果这个中心内容,必须体现马克思主义中国化、时代化、大众化。在中国特色社会主义建设的新时代,高校思想政治理论课教学的重点就是帮助学生深入理解习近平新时代中国特色社会主义思想,用科学的理论武装自己的头脑,不断提升自身的科学文化素质与思想道德素质,为新时代中国特色社会主义建设贡献自己的力量。

作为马克思主义大众化的重要路径,高校思想政治理论课的马克思主义大众化传播对象是大学生。大学生普遍具备较高的科学文化素养,是新时代中国特色社会主义建设的中流砥柱,推进马克思主义大众化发展,必须重视高校思想政治理论课这条路径。

(三)思想政治理论课能够推动马克思主义的丰富与发展

在高校推进当代中国马克思主义大众化过程中,思想政治理论课是其中最为重要的路径,它以高校大学生为马克思主义大众化的传播对象,通过马克思主义及其中国化理论成果的教育,充分发挥了用马克思主义理论宣传和教育青年学生的重要作用。在这一过程中,还培养了一大批积极推进当代中国马克思主义大众化的人才队伍和骨干力量,包括马克思主义学者及其他推进马克思主义研究发展的积极分子等。思想政治理论课的教学过程,是运用马克思主义基本原理来解决学生思想困惑的过程,也是马克思主义中国化的过程。

思想政治理论课的开展过程中,一方面,教师注重向学生传授马克思主义及其中国化理论成果的基本原理与相关知识,用发展着的马克思主义武装青年学生的头脑,提升学生的科学文化素质。另一方面,教师在教学过程中注重理论与实践的充分结合,尤其是将马克思主义及其中国化理论成果与大学生的思想实际和生活实际充分结合在一起,通过灵活多样的教学方式回答大学生普遍关心的社会重大热点问题,消除大学生的疑惑,使大学生能够正确地分析和认识新时代中国特色社会主义建设过程中的诸多现象。

通过思想政治理论课的教学,使大学生能够深入理解马克思主义的科学内涵,真正体会到马克思主义理论的科学性与真理性,从内心出发自觉接受马克思主义,并学会运用马克思主义的立场、观点和方法分析问题和解决问题,使当代中国马克思主义理论在不断解决现实社会问题和大学生思想实际问题中得到丰富和发展。

(四)思想政治理论课具有价值导向的作用

思想政治理论课之所以是当代马克思主义大众化传播的主渠道,还有一个重要的原因就是思想政治理论课具有重要的价值导向作用,对大学生世界观、人生观和价值观的建立具有重要的导向作用。

思想政治理论课与其他类型的专业课程具有显著的区别,即人才培养的重点并非学生专业素养的训练,而是对学生思想道德素质的培养与提升。思想政治理论课在育人方面体现了党和政府对人才培养的目标、内容、模式等方面的具体要求,为大学生培养提供了一个具体的价值指向和标准。思想政治理论课教授的重要内容是马克思主义及其中国化成果的理论内容,与感性认识相比,理论更具有前瞻性,它可以引导人们的实践活动,具有明显的导向性。思想政治理论教育的实施过程,实质上是把社会主导的价值观念转化为学生个体思想政治观念的过程,对学生世界观、人生观、价值观以及思想政治教育观念的确立具有重要的导向作用,这也是高校推进马克思主义大众化的重要需求。

第二节 马克思主义大众化传播的重要阵地：高校

一、高校马克思主义大众化是推进新时代中国特色社会主义事业建设的必然要求

党和国家事业的兴旺发达是新时代中国特色社会主义建设的题中应有之意。党和国家事业的发展离不开高素质的人才，而高等教育则是高素质人才培养的重要环节。

当代青年大学生是青年的主体，是社会发展的主体力量，是新时代中国特色社会主义建设的生力军。这就对大学生提出了较高的要求。首先，若想更好推进新时代中国特色社会主义事业的建设，那么各行各业的人才需要具备较高的专业素质，只有具备较高的专业素质，才能担负起具体工作的要求，才能在完成本职工作的基础上进行创新，才能促进行业的发展。专业素质主要包括专业理论素质与专业实践素质两方面，任何行业的发展都离不开实践操作与理论研究的双向推动，自然也离不开理论型人才与实践型人才，而无论是理论型人才还是实践型人才，其培养与成长都需要依赖高校。

大学生的培养固然需要重视理论与实践教学，但是，若希望大学生能够切实推进新时代中国特色社会主义建设，还必须要求其具备较高的思想道德素养和正确的世界观、人生观和价值观，要使大学生爱党、爱国、爱人民。这就需要高校承担起马克思主义大众化传播的责任，以思想政治理论课为抓手，切实推进马克思主义大众化传播，使马克思主义

及其中国化理论成果成为大学生实践的指导和人生的指南。

高校推进马克思主义大众化是推进新时代中国特色社会主义事业建设的必然要求，是党与国家事业兴旺发达的必然要求，使大学生具备较高水平的政治敏锐性和政治辨别能力，才能使其成为我国未来社会发展的中坚力量。

二、高校马克思主义大众化是培养社会主义合格建设者与可靠接班人的需要

为新时代中国特色社会主义建设培养合格建设者与可靠接班人是我国高等教育发展中永远的核心问题。正确认识和切实解决这个问题，事关党和国家的长治久安，事关中华民族的前途命运。大学生是未来建设中国特色社会主义的中坚力量，他们身上承载着推进新时代中国特色社会主义建设、实现中华民族伟大复兴中国梦的历史重任，把他们培养好，是实现好、维护好、发展好最广大人民根本利益的重要体现。

如何正确引导和帮助大学生健康成长，使他们能够德智体美劳全面发展，是一个关系到我国教育发展方向的重大问题。不仅要大力提高他们的科学文化素质，更要大力提高他们的思想政治素质，要引导大学生树立正确理想，坚定正确信念，自觉把自己的人生追求同祖国的前途命运联系起来，树立为祖国繁荣富强贡献青春力量的远大志向，这对于确保党的事业后继有人、社会主义事业兴旺发达，提高党的执政能力和巩固党的执政地位具有重大意义。

大学生的培养是一项长期且艰巨的任务，特别是在信息传播技术突飞猛进的今天，信息以互联网为载体不断涌入人们的生活，人们接收信息的媒介与途径不断增加，网络信息严重过载，极大丰富大学生精神文化生活的同时也带来了一些隐患，那就是西方文化的大量涌入。历史的和现实的、传统的和外来的、进步的和落后的、科学的和迷信的思想文化相互交织碰撞。这种文化多元性本无可厚非，但是由于大学生思辨能

力不成熟，加之别有用心的国家利用便捷的信息传播渠道进行价值观输出，使得大学生容易受到错误的、腐朽的思想的侵蚀，甚至他们的政治信仰、理想信念、社会责任也会受到一定程度的影响。

虽然在大学生中，马克思主义的信仰仍牢牢占据着主流，但也存在部分意志不坚定的大学生容易受到不健康信息的影响，这就需要高校切实履行大学生思想道德素质培养的责任，推进马克思主义大众化在高校的传播。青年大学生作为社会主义事业的接班人，他们的信仰问题是一个关乎国家意识形态建设的重大问题，关系到能否抵挡住各种社会思潮的冲击，关系到中国特色社会主义建设事业的兴衰成败。通过马克思主义大众化传播，坚定大学生的政治信仰，培养大学生正确的世界观、人生观和价值观，是我国高校的时代担当。

三、高校马克思主义大众化是促进大学生全面发展的需要

促进学生的全面发展是高校人才培养的根本目标，也是学生实现个人发展与自我价值的重要体现。促进大学生的全面发展，主要从以下两个方面着手。

第一，培养和提升大学生的科学文化素质。培养和提升大学生的科学文化素质是高等教育最主要的内容，学校的职责在于教学，科学文化教学是其职责最直接的体现。培养和提升大学生的科学文化素质，不仅需要全面、深入地讲解知识，还需要重视学生知识体系的科学构建，使学生对知识的主要内容及不同知识之间的内在逻辑联系具有一个相对清晰的认识。

第二，培养和提升大学生的能力素质。现代教育理念重视学生能力的培养，包括专业实践能力、创新创业能力、自主学习能力、沟通交流能力、团队协作能力等。新时代既重视研究型人才的培养，也重视应用型人才的培养，二者缺一不可。这也符合马克思主义认识与实践的辩证关系，即实践是认识的基础，认识对实践具有反作用。

高校马克思主义大众化对于大学生的全面发展具有重要的指导意义，因为若想使大学生真正成为新时代中国特色社会主义建设的中流砥柱，仅仅培养和提升大学生的科学文化素质与能力素质是不够的，还需要使大学生具备较高的思想道德素质，具备正确的世界观、人生观和价值观，这就需要发挥马克思主义的育人作用，大学生只有坚持马克思主义及其中国化理论成果的指导，才能将理论正确地运用到实践之中，为新时代中国特色社会主义建设贡献力量的同时，实现自身的全面发展。

第三节　坚守阵地，强化思想政治理论课的主渠道作用

一、重视学生的主体地位

教育活动作为人类社会中重要的实践活动之一，同样需要坚持以人为本的理念，重视学生在教育活动中的主体地位。在高校思想政治理论课教育的过程中坚持以人为本，就要以学生为主体，要求教育工作者科学引导学生进行马克思主义及其中国化成果的学习与实践，重视学生自主学习能力的提升，凸显学生在自主学习中的主体性，重视学生的全面发展，根据实践需求科学制定人才培养方案。

（一）优化教学内容

在高校思想政治理论课教育的过程中重视学生的主体地位，体现在以学生为中心不断调整与优化教学内容上。

教学内容是教育活动重要的组成部分，在高校思想政治理论课教育的过程中，其主要的教育内容包括以马克思主义基本原理教育为主题的课程、以马克思主义中国化理论成果为主题的课程、以中国的革命与建

设历程为主题的课程、以德育为主题的课程和运用马克思主义认识当今世界形势为主题的课程,这些课程内容是高校马克思主义大众化传播的核心内容,是不能随意改变的。强调以学生为主体调整与优化思想政治理论课的教学内容,指的是以这些基本的内容为核心,丰富和发展思想政治理论课具体的课堂教学的内容,使之更能体现学生的主体性,能够更好地激发学生学习的积极性与主动性。

当代高校思想政治理论课在安排教学内容时,应该在保证马克思主义基本原理和马克思主义中国化理论成果的准确度和严肃性的前提下,充分考虑当代大学生的特点,与时俱进,提升教育内容的时代性、知识性,增强理论的吸引力和说服力。

(二)创新教学方法

在高校思想政治理论课教育的过程中重视学生的主体地位,还体现在教学方法的优化与创新上,教学方法直接涉及知识的教授与表达方式,直接体现着教学理念。现代教育理念强调学生的主体地位,以学生为主体的教育理念落实到教学方法上,就是增强教学的针对性与有效性,充分调动学生的积极性,使学生在课堂上充分发挥主人翁精神,切实提升学生自主学习的能力。

作为马克思主义大众化在高校进行传播的重要途径,思想政治理论课的任务和内容具有政治性和导向性的特点,这也决定了思想政治理论课的教学必须始终强调对学生思想道德素质的培养和提升,始终重视学生世界观、人生观和价值观的构建。高校思想政治理论课完成以上教学目标的过程并非通过理论的灌输,而是追求一种润物细无声的教育方式。因而,思想政治理论课的教学方法具有不同于其他学科的功能和特点。其教学方法具有一种启迪心智和引领精神的功能,虽然高校思想政治理论课同样重视理论的教学,但更强调学生对理论的理解、掌握与运用。

当代高校思想政治理论课教学方法的选用与设计应该符合学生的认知规律与认知意趣,应该具有较强的针对性。在设计教学方法时,教育

第八章 当代马克思主义大众化传播的主渠道建设

工作者应该充分了解当代大学生的特点，包括大学生普遍的特点和新时代赋予大学生的特点等，根据学生不同的特点因材施教，重视学生的个性化发展。

创新高校思想政治理论课的教学方法还需要坚持新的教育理念。不能将教学活动变成单纯的马克思主义理论灌输，要在授课过程中体现人文关怀，重视大学生成长过程中的情感需要和精神文化需求，尊重学生的个性，关注每一名学生的成长与发展。高校还应重视理论联系实际，帮助学生在实践中感受到马克思主义及其中国化理论成果的巨大魅力。

（三）研究和回答学生关心的问题

马克思主义大众化的推进必须能够回答人民群众关心的问题，解决人民群众现实的需要，这既是马克思主义及其中国化理论成果科学性的体现，也是马克思主义大众化能够顺利推进，使广大人民群众能够自觉学习、掌握、运用与传播马克思主义的必然要求。高校思想政治理论课作为马克思主义大众化的重要途径，若想实现理想的人才培养目标与马克思主义大众化传播目标，同样也需要能够研究和回答学生关心的问题。[1]

研究和回答学生关心的问题，本质上是一种"传道、授业、解惑"的过程，是高校思想政治理论课作为一门课程的本质要求。同时，思想政治理论课若想要在高校中切实实现理想的马克思主义大众化成果，就必须花大力气关注理论和实践的前沿问题，贴近实践、贴近学生，研究和回答大学生提出的热点难点问题，把思想理论上的宣传教育同青年学生的健康成长与成才紧密结合起来，力求用马克思主义的基本理论帮助学生解答与社会现实紧密联系的诸多理论困惑，进而激发大学生努力学习科学文化知识，提升自身综合素质，为新时代中国特色社会主义建设贡献力量的热情与斗志。

---

[1] 任素琴：《马克思主义大众化传播方略》，中国传媒大学出版社2018年版，第129页。

（四）重视学生综合素质的提升

在大学生思想政治理论教育的过程中贯彻以学生为主体的教学理念，还需要重视对学生综合素质的培养和提升。高校人才培养的最终目的是促进学生的全面发展，为国家培养高素质人才，因此，培养和提升学生的综合素质是高校教育永恒的主题，高校的课程都应围绕这一主题展开，专业课程不例外，思想政治理论课程也不例外。

培养学生的思想道德素质是提升学生综合素质的重要环节，思想政治理论教育可以全面培养和提升学生的思想道德素质，帮助学生树立正确的世界观、人生观与价值观，使学生了解马克思主义、掌握马克思主义，能够运用马克思主义的科学理论指导实践，这是提升大学生综合素质的关键组成部分。思想政治理论教育使大学生在具备与时代需求相符的素质与能力，符合社会对于高素质人才需求的同时，用科学的理论武装自己的头脑，实现自身更好的发展，在马克思主义及其中国化理论成果的指导下，为新时代中国特色社会主义的建设贡献自己的力量。

二、重视师资队伍的建设

（一）思想政治理论课教师应该具有优良的政治素质与崇高的信仰追求

打造一支高素质的思想政治理论师资队伍，必须确保思想政治理论课教师具有优良的政治素质与崇高的信仰追求，因为思想政治理论教师是马克思主义及其中国化理论成果的传播者，承担着马克思主义教育领域"传道、授业、解惑"的任务，只有思想政治理论课教师自身具备优良的政治素质与崇高的信仰追求，才能更好地为学生讲授马克思主义科学的世界观与方法论。

高校思想政治理论课教师需要不断提高自身的马克思主义理论修养水平，认真研究马克思主义理论中国化的最新成果。因为马克思主义理论的最新成果是当代马克思主义大众化传播的主要内容，是高校思想政治理论课教学的重点内容。只有深刻了解马克思主义理论中国化的最新成果，才能把握最新的马克思主义大众化内容，才能科学理解国家的大政方针，才能正确地在课堂上解决学生的疑惑。

高校思想政治理论课教师还需要养成密切关注现实生活的思维习惯，因为实践性是马克思主义大众化的突出特性，也是新时代重要的教育理念。马克思主义大众化重视解答广大人民群众在实践中遇到的问题。若想激发大学生学习马克思主义理论的兴趣，同样也需要能够回答其在实践中遇到的困惑，并通过思想政治理论课教学，使学生能够主动运用马克思主义解决实践中遇到的问题。

（二）重视思想政治理论课教师的专业化发展

讨论思想政治理论课教师的专业化发展，首先必须明确教师专业化发展的含义，在笔者对教师专业化发展的含义进行阐释之后，促进思想政治理论课教师专业化发展的方法就跃然纸上了。

1. 教师专业发展理论概述

（1）一般职业与专业性职业。探讨职业与专业，首先要从二者的含义出发。职业一词是指个人所从事的服务社会并作为自身主要生活来源的工作，而职业本身又分为一般职业和专业性职业。

"职业"一词在英文中的翻译有三个，即 occupation，profession 和 vocation。其中 occupation 侧重于指代一般的谋生职业，有消遣和业余活动的意思，而 profession 则指代需要特殊专业能力或是较高教育水平的职业。2013 年我国公布的教育学名词中就包括"专业性职业"一词，虽然其英语解释中同时出现 profession 和 occupation，但该词的公布表明在汉语语境中，已经对一般的职业与专业性职业进行了明确的划分。

从 occupation 到 profession，从一般意义上的职业到专业性职业，不仅仅是语义的变化，还是一个具体的发展过程。随着时代的发展，社会分工的细化要求职业人员拥有更高的专业素养，包括专业知识与专业技能，越来越多的一般职业开始向专业性职业转变。

按照现代广泛运用的"专业化"标准的定义解释,所谓"专业",应当满足以下基本条件:一是范围明确,从事于社会不可缺少的工作;二是运用高度的技术;三是需要长期的专业教育;四是从事个人、集体均具有广泛自律性;五是专业自律性范围内,直接负有作出判断、采取行为的责任;六是非营利性,以服务为动机;七是拥有应用方式具体化的理论纲领。

"专业"一词在《汉英双解现代汉语词典》中有三个解释,第一,在高等学校的一个系里或中等专业学校里,根据科学分工或生产部门的分工把学业分成的门类。第二,产业部门中根据产品生产的不同过程而分成的各业务部分。第三,形容专门从事某种工作和职业的。这里讨论的教师专业发展使用的是第三个解释,即教师职业要求从业者不断提升自己的专业知识和专业技能来实现职业的不断发展。这里的"专业"与专业性职业的概念基本相同,即需要较高的知识或能力需求的职业。

(2)专业化的含义。随着社会分工的不断细化,越来越多的一般性职业逐渐发展为专业,这是历史发展的必然趋势,而这一发展过程就是职业的"专业化"过程。专业化是指在一定时期内,一般职业群体通过不断发展最终逐渐达到或超越专业的标准,成为专业性职业群体的过程。

专业化是一个过程,具有历史性。一般职业的专业化是一个历史的发展过程,在较长一段时间内,该职业的从业人员不断提升自身的专业知识水平和专业技能素养,使得职业在发展过程中不断提升行业的整体标准,并达到专业的水平,成为专业性职业,在这一阶段,该职业从业人员的专业素质则必须达到其专业的标准。

专业标准的制定和提升是专业化的重要标志,也是考察职业专业化程度的重要因素。专业标准将专业性职业与其他职业区分开来,同时也为从业人员提供了奋斗目标与评测标准。在某一职业中,行业内的从业人员通过不断地学习知识和磨练来技能提升自己的专业能力,可以实现职位的升迁或报酬的提升。行业外的人员则可以通过该行业专业技能的学习进入行业内部，成为专业人员。

职业专业化是一个不断发展的过程，因此其专业标准也不是一成不变的。随着职业专业化程度的不断提升，或者专业性职业内部分工的不断细化，专业标准也会随之变化，以适应专业发展的要求。

（3）教师专业化与教师专业发展。探讨教师专业发展的内涵，首先要明确教师专业化与教师专业发展的含义及教师专业发展的内在要求。

教师专业化是教师职业专业化的过程，从广义上来讲，它有两个层面的含义。其一是教师作为一门职业，其专业化程度不断提升，对于从业人员素质的要求更加严格。其二是作为从业者的教师群体不断丰富自身专业知识、提升教学能力和技巧的自我提高过程。从狭义上来讲，教师专业化更多是从社会学角度考虑问题，更加强调作为一个整体的教师这个职业的专业性提升过程。高等教育作为层次较高的教育形式，国家对其师资队伍的专业化发展水平十分重视，近年来，政府和社会给予高校跨境电子商务师资队伍建设大量的支持，以促进跨境电子商务师资队伍专业化水平的提升。

教师行业的专业性在世界各国已经得到普遍的认同，联合国教科文组织也明确提出教育工作是一种专业性强的专门职业，并于1996年提出了一系列加强教师专业化的建议，包括构建科学的职业发展体系，创设适当的行业评价体系、提升教师职业的收入与社会地位等。在实际生活中，教师专业性没有受到足够的重视，个别人对教师的专业性持怀疑态度，教师专业化本身的发展也存在一定的不足，需要进一步提升。

学术界关于教师专业化与教师专业发展之间的关系的讨论主要存在三种不同的观点。

第一，教师专业化的过程等同于教师专业发展。教师专业发展就是教师个体专业不断发展的历程，是教师不断接受新知识，增长专业技能的过程。

第二，教师专业化与教师专业发展的主体不同。教师专业化的主体是教师职业，含义是教师职业不断完善，专业水平不断提升的过程。教师专业发展的主体则是教师，指的是教师自我提升的过程。

第三，教师专业化包含教师专业发展。教师专业化包括教师职业和教师个体两个主体，教师专业化同时具有实现职业整体发展和从业者个体进步两个层面的含义。

综上，可以看出，广义上的教师专业化与教师专业发展之间并没有太明确的界限，"发展"即"变化"，教师专业发展与教师专业化之间存在诸多相通之处，均指加强教师专业性的过程。

从狭义上来看，教师专业化与教师专业发展则是两个不同的概念。双方强调的主体不同，教师专业化更加强调整体，即教师这个职业，而教师专业发展更加强调教师个体成长的过程。

这里讨论思想政治理论课教师的专业化发展，是将教师专业化发展的广义与狭义概念充分结合进行研究的，既重视教师个体的成长与发展，也重视教师队伍整体素质的提升。

2. 重视思想政治理论课教师的专业化发展

对教师专业化发展的含义进行详细阐释之后，思想政治理论课教师专业化发展的方式就清晰地呈现在了大家面前。

（1）提升教师的思想政治理论专业素养。帮助教师实现更好的专业化发展，首先必须提升教师的思想政治理论专业素养，因为思想政治理论课教师最重要的任务就是给学生传授马克思主义及其中国化的成果。教师必须具备相对全面的专业知识，其中，既包括马克思主义的专业知识，又包括相对全面的通识知识体系。只有具备了相对扎实的思想政治理论专业知识，才能担当得起思想政治理论课教师的职责。

（2）提升教师的教学能力。教师专业的内涵要求思想政治理论教师必须具备较强的教育教学能力。促进教师的专业发展，就需要切实提升教师的教学能力，包括沟通能力、教学设计能力、教学监控能力与教材驾驭能力。教师只有具备较强的教学能力，才能提升自身的专业素养，在教学实践中表现得游刃有余，更好地开展教学活动。

第一，提升教师的沟通能力。现代教育教学理论已经不再只是把教学看成是知识输出和接受的过程，而是师生之间交流和对话的过程。所以，国内有学者提出"教育即交流"的命题，认为教育的过程实质上就是师生沟通的过程。在日常教学中，同一堂课，相同的教学内容，面对相同的学生，有的教师处理起来得心应手，有的教师的课堂却死气沉沉，其主要原因是教师沟通能力存在差异，无效或低效的沟通直接影响了教师的教学效能。良好的沟通能力对于教师来说是应该具备的最基础的能力。

第二，提升教师的教学设计能力。教师如何组织教材，如何设计教学程序，采用何种教学方法和技术来开展教学显得尤其重要。好的课堂设计可以使课堂教学跌宕起伏、妙趣横生，可以一下子紧紧抓住学生的注意力，激发学生求知的欲望。教学设计能力的高低与操作性知识的多少是密不可分的。但是，操作性知识丰富并不意味着教学设计能力强。高校思想政治理论教师要有意识地加强有关教学设计的研讨，不同的教学设计理念、不同的教学活动的选择、不同的教学媒体的运用都会在很大程度上影响教学效果，影响学生对马克思主义及其中国化成果的学习与理解。

第三，提升教师的教学监控能力。一堂课能否顺利展开，能否取得预期的教学效果，不仅有赖于教师的沟通能力和教学设计能力，而且还与教师的课堂管理能力密切相关，如何有效地推进各种教学活动，如何确保各类学生在学习过程中都获得长足的进步，如何确保教学模式有效实施等，都需要思想政治理论教师有很强的教学监控能力。教师对教学的监控贯穿教学的整个过程，包括课堂监控、学生状态监控、成绩监控、第二课堂教学监控等。

第四，提升教师的教材驾驭能力。教材是教师教学最重要的辅助工具，在实践教学的过程中，教材是关键的组成部分。教材直接体现着教学内容，影响着教学方法。当提到教材时，人们往往首先想到的是教科书，但随着教学理念的不断发展，教材的含义已经不再局限于教科书。教材的定义有广义与狭义之分，狭义的教材往往指的是教科书，而广义的教材泛指在教学实践中适合学生使用的教学材料，包括教科书以及各种教学辅助书籍和材料。

思想政治理论教育与传统高校专业课程显著的不同点就是，思想政治理论教育并非以教授专业知识与提升专业能力为人才培养的核心，而是以提升大学生思想道德水平为核心。思想政治理论课教材内容的组织形式一般是科学理论的阐释，这就需要思想政治理论教师具备较强教材驾驭能力，对具体的理论进行拓展和延伸，在增加课堂趣味性的同时，更好地将理论与实践结合在一起，帮助学生更好地理解马克思主义理论。

（3）提升教师的学术研究能力。教师的专业化发展并非只包括教师知识结构与教学专业素养的提升，还包括培养和提升教师的学术研究能力。这是因为高校的职能不仅包括人才培养，同时还包括学术研究，马克思主义理论的发展离不开学术研究的推动。高校是学术研究的重要主体，而高校思想政治理论学术研究的主体则是教师与相关的科研工作者，因此，教师专业化发展要求思想政治理论教师必须不断提升自身的学术研究能力，这对思想政治理论教师的科研能力提出了更高的要求。

三、重视理论与实践的结合

实践性是马克思主义理论体系与马克思主义大众化的本质属性之一，也是高校思想政治理论教学的重要特性之一，实践是理论联系实际的有效途径，也是把理论学习引向深入的重要环节。

科学的理论对实践具有重要的指导作用，但若想让学生充分了解理论与实践的辩证关系，并深刻体会到马克思主义理论的科学性与真理性，就必须将理论与实践充分结合。首先，需要在思想政治理论教学的过程中重视实践部分的教学，让学生充分了解马克思主义及其中国化成果的实践性，并将这种实践的观点贯穿思想政治理论教学的始终。

其次，在思想政治理论教学的过程中，要重视实践教学的作用，通过社会实践的途径让学生将所学的马克思主义中国化理论运用到具体的实践中，在实践中加深对理论的认识。在这一过程中，大学生可以通过实践印证马克思主义中国化理论成果的科学性，直接感受马克思主义指导中国特色社会主义的生动实践和伟大成就，从而增进大学生对马克思主义的情感认同。在实践教学过程中让学生感悟、理解与理论教学内容密切相关的思想政治理论，进一步加深对马克思主义理论的理解，真正领会马克思主义理论的精髓。

通过理论与实践的结合，可以使学生在实践中逐渐学习和掌握科学的方法，高校思想政治理论课不仅需要将马克思主义大众化理论传授给学生，还要使学生学会将马克思主义理论运用到具体的实践之中。这样大学生才能在实践中自觉运用马克思主义的立场、观点、方法去发现问题、分析问题和解决问题。

参考文献

[1] 张红：《当代中国马克思主义大众化的实现路径研究》，广西人民出版社 2018 年版。

[2] 任阿娟、张仲华：《马克思主义大众化的历史与逻辑》，云南大学出版社 2016 年版。

[3] 任素琴：《马克思主义大众化传播方略》，中国传媒大学出版社 2018 年版。

[4] 曹根记：《当代中国马克思主义大众化研究》，河南人民出版社 2015 年版。

[5] 张品良：《传播学视域下的中央苏区马克思主义大众化》，中共党史出版社 2016 年版。

[6] 商志晓：《马克思主义大众化研究》，山东人民出版社 2013 年版。

[7] 颜晓峰、肖冬松：《铸造推进马克思主义大众化的新辉煌》，解放军出版社 2012 年版。

[8] 李祥兴：《延安时期的教育与马克思大众化研究》，中共党史出版社 2015 年版。

[9] 王宇：《马克思主义大众化视野下的高校隐性德育研究》，广西人民出版社 2011 年版。

[10] 裴雅彬：《新时代的思考：高校马克思主义大众化研究》，吉林

大学出版社 2019 年版。

[11] 王有炜、牛永辉：《中国道路与马克思主义大众化研究》，合肥工业大学出版社 2016 年版。

[12] 王宪锋：《新媒体时代马克思主义大众化传播路径研究》，沈阳出版社 2019 年版。

[13] 何鹏举：《当代中国马克思主义大众化路径研究》，广东人民出版社 2015 年版。

[14] 李秀芝：《高校马克思主义大众化困境与思考》，知识产权出版社 2014 年版。

[15] 陈占安：《马克思主义大众化的历史经验》，北京人民出版社 2012 年版。

[16] 杨一凡：《融媒体视阈下马克思主义大众化研究》，硕士学位论文，新疆师范大学马克思主义中国化研究专业，2022。

[17] 裴源：《习近平关于马克思主义大众化的重要论述研究》，硕士学位论文，桂林理工大学马克思主义理论专业，2022。

[18] 潘梦杰：《习近平的马克思主义大众化思想研究》，硕士学位论文，安徽医科大学，2022。

[19] 孙路萍：《大数据与马克思主义大众化的实践创新研究》，硕士学位论文，海南大学马克思主义中国化研究专业，2022。

[20] 王娇：《推进马克思主义大众化的网络传播途径研究》，硕士学位论文，哈尔滨商业大学马克思主义中国化研究专业，2021。

[21] 石孟莹：《新时代推进马克思主义大众化研究》，硕士学位论文，新疆师范大学马克思主义中国化研究专业，2021。

[22] 于雨潼：《高校推进马克思主义大众化教育研究》，硕士学位论文，长春工业大学马克思主义中国化研究专业，2021。

[23] 刘佳：《马克思主义大众化视域下高校思想政治教育话语创新

研究》，硕士学位论文，成都理工大学马克思主义理论专业，2021。

[24] 包阿茹罕：《新媒体视域下高校马克思主义大众化传播研究》，硕士学位论文，内蒙古民族大学马克思主义中国化研究专业，2020。

[25] 赵宇阳：《融媒体背景下马克思主义大众化传播研究》，硕士学位论文，上海财经大学马克思主义基本原理专业，2020。

[26] 沈成成：《高校马克思主义大众化大数据实践路径研究》，硕士学位论文，安徽农业大学马克思主义基本原理专业，2020。

[27] 唐丹：《新媒体推进马克思主义大众化传播研究》，博士学位论文，武汉理工大学马克思主义理论专业，2020。

[28] 黄婕：《新媒体环境下马克思主义大众化实效性提升研究》，硕士学位论文，西安理工大学马克思主义基本原理专业，2019。

[29] 原博：《习近平推进马克思主义大众化路径研究》，硕士学位论文，山西师范大学马克思主义理论专业，2019。

[30] 王盛初：《习近平推进新时代马克思主义大众化研究》，硕士学位论文，西南大学马克思主义中国化研究专业，2019。

[31] 王萌：《毛泽东推进马克思主义话语大众化研究》，硕士学位论文，闽南师范大学马克思主义中国化研究专业，2019。

[32] 胡凤飞：《新时代马克思主义大众化研究》，博士学位论文，南京师范大学马克思主义基本原理专业，2019。

[33] 石烨：《新时代马克思主义大众化的传播研究》，硕士学位论文，黑龙江大学马克思主义中国化研究专业，2019。

[34] 马迎惠：《新媒体时代推进马克思主义大众化路径研究》，硕士学位论文，云南大学马克思主义基本原理专业，2018。

[35] 臧晓玲：《新媒体背景下马克思主义大众化的挑战与对策》，硕

士学位论文，集美大学马克思主义中国化研究，2018。

[36] 朱宇菲：《当代中国马克思主义大众化研究》，硕士学位论文，沈阳理工大学马克思主义中国化研究，2018。

[37] 李心：《当代中国马克思主义大众化及实现路径研究》，硕士学位论文，沈阳理工大学马克思主义中国化研究，2018。

[38] 樊弘：《互联网视阈下马克思主义大众化传播问题研究》，硕士学位论文，西安理工大学马克思主义中国化研究，2017。

[39] 娄芳：《马克思主义大众化的网络传播研究》，硕士学位论文，华北水利水电大学马克思主义基本原理专业，2017。

[40] 闫瑞瑞：《微时代下马克思主义大众化传播问题研究》，硕士学位论文，东北林业大学马克思主义中国化研究，2017。

[41] 刘正：《大数据背景下马克思主义大众化的传播策略》，《中共山西省委党校学报》2022年4期。

[42] 马丽萍：《马克思主义大众化网络传播的困境与出路》，《齐齐哈尔大学学报（哲学社会科学版）》2022年3期。

[43] 卢祖松、黎慧晓：《推进马克思主义大众化迈上高质量发展新征程》，《社会主义论坛》2022年2期。

[44] 曲洪波、夏彬：《新民主主义革命时期马克思主义大众化教育的历史经验》，《邵阳学院学报（社会科学版）》2021年6期。

[45] 施炜：《基于校园文化建设的马克思主义大众化教育研究》，《大学》2021年48期。

[46] 孟露：《当代高校思政课提升马克思主义大众化功能探究》，《大陆桥视野》2021年12期。

[47] 严冬雪：《新时代马克思主义大众化面临的挑战及应对策略》，《现代商贸工业》2021年31期。

[48] 翟光艳：《百年来党推进马克思主义大众化的历程及经验》，《衡

阳师范学院学报》2021年5期。

[49] 李新宇：《新媒体视域下马克思主义大众化传播机制研究》，《决策探索（下）》2021年8期。

[50] 王子元、魏红霞：《新媒体时代马克思主义大众化路径的再思考》，《北京印刷学院学报》2021年6期。

[51] 王婷：《新时代推进马克思主义大众化的实现路径研究》，《今古文创》2021年24期。

[52] 乔雪文：《高校思政教育推动马克思主义大众化的研究》，《理论观察》2021年6期。

[53] 汤霞：《高校推进马克思主义大众化的路径》，《渤海大学学报（哲学社会科学版）》2020年6期。

[54] 李栋：《新媒体时代马克思主义大众化传播刍议》，《湖北省社会主义学院学报》2020年5期。

[55] 刘勇：《新时代马克思主义大众化的新任务及路径选择》，《学习论坛》2020年10期。

[56] 张莹云：《马克思主义大众化传播面临的挑战与应对》，《中外企业文化》2020年10期。

[57] 房玉霞：《新时代马克思主义大众化及必要性研究》，《吉林省社会主义学院学报》2020年3期。

[58] 周前程：《新时代马克思主义大众化理论内涵的新阐发》，《新疆社科论坛》2020年3期。

[59] 曹凡：《高校思想政治理论课改革推进新时代马克思主义大众化研究》，《内蒙古煤炭经济》2020年10期。

[60] 朱先锋：《当代中国马克思主义大众化的实践创新研究》，《新西部》2020年12期。

[61] 梁贵春、任洪岩、宋征宇：《马克思主义大众化及其路径探析》，

《理论观察》2020 年 3 期。

[62] 王瑞:《新媒体时代马克思主义大众化传播的六种策略》,《海河传媒》2022 年 2 期。

[63] 王娇:《推进马克思主义大众化的网络传播途径研究》,硕士学位论文,哈尔滨商业大学马克思主义中国化研究,2021。

[64] 姜宁宁、王娟:《新时代马克思主义大众化传播模式创新思考》,《课程教育研究》2019 年 15 期。

[65] 刘国武:《从传播学角度看马克思主义大众化:评〈传播视域下的马克思主义大众化〉》,《高教探索》2018 年 8 期。

[66] 程颖、张聪:《新时代马克思主义大众化传播路径研究》,《新闻研究导刊》2018 年 14 期。

[67] 郭福燕、孙书营:《马克思主义大众化精准传播策略探析》,《新闻战线》2018 年 10 期。

[68] 刘康:《"互联网+"时代马克思主义大众化的精准传播策略探析》,《理论月刊》2018 年 3 期。

[69] 董鑫:《新时代马克思主义大众化传播路径选择》,《重庆社会科学》2018 年 2 期。

[70] 李鸥漫:《马克思主义大众化传播机制的构建》,《沈阳师范大学学报(社会科学版)》2017 年 1 期。

[71] 闻薇:《关于马克思主义大众化中外传播的历史考察》,《中国市场》2016 年 43 期。

[72] 王雪燕、郝建华、张强:《长征途中马克思主义大众化的传播路径及当代启示》,《毛泽东思想研究》2016 年 3 期。